에도시대의 고문형벌

임명수 저

어문학사

머리말

일본 중세. 기나긴 전쟁의 시대가 끝나고 17세기 초 에도막부(江戶幕府)가 탄생하여 지금의 도쿄(東京)인, 에도(江戶)를 중심으로 260년에 걸쳐 태평시대가 열렸다. 정치적으로는 중앙집권체제를 완비하고, 유교를 수용하여 사농공상(士農工商)이라는 세습적 신분제도를 정비하였다. 경제적으로는 교통망 정비, 화폐주조와 더불어 상품경제, 화폐경제를 배경으로 상공업이 눈부신 발전을 보이며 오사카(大坂), 에도 등의 상업도시가 번영하였다. 농업에 의존하던 자족적인 경제는 상공업의 발달에 따라 상인 중심 경제로 전환되고, 권위, 신비, 무비판적인 구습으로부터 벗어나 살아 움직이는 인간 개개인을 존중하는, 현실적이고 긍정적인 사고방식이 서민 주체의 초닌문화(町人文化)의 밑거름이 되었다.

이러한 에도시대의 평화와 문화의 난숙(爛熟)은 에도막부의 체제 · 치안유지를 위한 고민과 부심(腐心)의 결과였다.

에도막부는 중앙집권체제를 완비함으로써 지방 영주들의 도전 등으로 인한 전쟁을 최소화시켰으며, 경제 · 사회 · 문화의 발전에 비례하여 증가하는 범죄에 대해

전 시대에 비해 다양한 형벌을 제정하였다. 특히 유교의 도덕적 가치관에 의거한 당시의 형벌관은 하극상, 간통, 절도 등의 범죄행위를 중죄시하였다.

본 저서는 당시 범죄의 유형과 고문·형벌의 절차, 방식 그리고 그 사례를 소개하고 이해하기 쉽게 정리하는 데 주력하였다. 또 우리가 일반적으로 이해할 수 있는 범죄나 형벌 외에, 지방 세력을 견제하기 위한 관문(초소)의 무단출입, 승려의 일탈행위인 〈여범(女犯)〉 등 그 나라의 시대적 상황이나 관습 등에 의해 발생한 범죄 사례도 비중있게 다루었다. 특히 체제 유지와 외세 의식에서 비롯된 〈기독교 탄압〉을 일본의 대표적인 잔혹사라는 의미에서 마지막 장을 빌어 소개하였다.

역사는 기록한 자의 시점에 의해 좌우되지만, 필자는 이러한 주관적 역사관이나 가치관을 배제하고, 사회학, 풍속문화의 한 분야로서의 고문과 형벌이라는 모티브를 가능한 중립적 시점에서 취급하려고 노력하였다. 따라서 고문형벌에 대한 역사적 의미보다는 사례 제시에 중점을 두었다. 때문에 독자들은 이 저서를 통하여 에도시대의 사회상은 물론, 당시 에도인들의 도덕관, 가치관 등을 필터장치를 통하지 않고 사실적으로 접할 수 있으리라 생각한다. 또 본 저서는 일본의 풍속문화 연구에 있어서도 시야를 넓히고, 발상의 실마리를 제공해 줌과 동시에 일본인과 일본문화를 이해하는 데에 많은 도움을 줄 것이다.

 본 저서에 등장하는 고문이나 형벌의 명칭, 역사적 인물, 지명, 사항 등은 검증을 통하여 되도록 한글표기법에 의거하여 표기했다. 한국어로도 쉽게 이해할 수 있는 용어는 한국어로 표기했으며, 이해하기 어려운 사항은 최대한 이해하기 쉽게 설명하였다. 그럼에도 미진한 부분이 있다면 독자들의 기탄없는 질정을 바라는 바이다.

 본 저서를 수년 전에 출판할 예정이었으나, 에도시대의 고문·형벌 사례 수집과 자료 정리 과정에 많은 시간이 소요되었기 때문에 출판이 본의 아니게 늦어졌다. 출판하기까지의 긴 과정을 흥미롭게 지켜봐 주시고 많은 도움을 주신 도서출판 어문학사 사장님께 이 자리를 빌어 고마움을 전한다.

2009년 3월

저자 임명수

차
례

1
에도시대 이전의 형벌

에도시대 이전의 형벌

서양의 법률학자는 형벌의 기원을 개인적인 복수에 두었다. 그러나 일본의 형벌은 이러한 인간적 이해 관계보다는, 정화시킨다는 의미를 가진 미소기(禊), 하라이(祓)라고 일컬어지는 종교적 차원에서 출발하였다.

형벌이란 그 개념에 있어서 범죄에 대하여 그에 합당하게 부과되는 것인데, 고대 일본어에는 형벌을 의미하는 말이 존재하지 않았다. 범죄, 형벌을 모두 〈쓰미〉라고 불렀는데, 이것도 범죄의 개념과 일치하지는 않았다. 노리〈法, 법〉를 어기는 행위가 〈쓰미〉이지만 그 〈노리〉역시 법률의 개념과 일치하지 않았다. 〈노리(法)〉는 주술적인 규범이었고, 〈쓰미〉는 신을 분노케 하는 행위였다. 따라서 미소기, 하라이는 신의 분노를 달래고 신의 노함에 의해 발생한 재앙(禍)을 풀어 없애는 일종의 정화 주술이었다.

징벌의 의미인 형벌의 개념은 5세기 초에 정착하기 시작하였다. 당시에는 종교적 성격의 하라이와 사회적 성격을 띠는 풍속적 형벌이 병행되었는데, 하라이가 점차적으로 형벌화 되어 8세기에 이르러서는 태(笞), 장(杖), 도(徒), 유(流), 사(死)의 5형(刑)이 국법으로 제정되었다.

5형은 대체로 서민들에게 부과되는 형벌이었다. 그 외에는 윤형(閏刑)이라고 하여 왕족, 귀족, 관리, 승려, 부녀자, 장애인들에게 부과하는 형벌이 따로 있었는데, 이는 벌금이나 수갑형으로 비교적 관대한 편이었다. 또 환형(換刑)이라고 하여, 벌금을 지불할 능력이 없는 문지기, 묘지기, 공노비, 사노비 등의 노예 신분 계층은 형벌로써 노역이나 사역에 처했다.

후시즈케

신분에 의한 형벌의 차등은 근세인 에도시대에까지 존재하였으며, 메이지(明治)시대에 이르러 없어졌다.

중세에는 막부의 세력이 약해짐에 따라 지방의 조직이나 단체의 성격을 띠는 곳에서는 국법을 따르지 않고 자신들의 가치 기준에 의거하여 사적인 형벌(私刑)을 시행하였다. 예를 들어 도박에서 규율을 어겼을 경우, 멍석에 말아 강물에 던져 버리는 후시즈케(伏漬)라는 형벌이 유행하였는데 이것이 에도(江戶)시대의 스마키(簀卷)로 이어졌다.

5형

8세기(大宝·養老) 율령인 5형은 앞에서 말한 바와 같이 태(笞), 장(杖), 도(徒), 유(流), 사(死)였다. 이는 당(唐)의 율령을 수용한 것이다. 따라서 그 법(法)은 음양오행설(陰陽五行說)의 음양(陰陽)에 의거하여 율(律), 령(領)으로 나뉘고, 형(刑)은 오행설(五行說)에 의해 태(笞), 장(杖), 도(徒), 유(流), 사(死)로 나뉜다.

태는 일종의 채찍질로 10회에서 50회까지 5등분, 장은 곤장으로 60회에서 100회까지 5등분, 도는 징역형으로 1년에서 3년까지 5등분으로 구분되었다. 또 유는 엔토(유배형)로 죄질에 따라 근류(近流)·중류(中流)·원류(遠流)의 3등분으로 나뉘었으며, 사에는 교수형(絞)과 참수형(斬)의 2등분이 있었다. 따라서 당시의 형벌은 태 10에서 참수형(斬)까지 총 5형(刑) 20등분으로 되어 있었다. 이는 일종의 형벌 체계로서, 예를 들면 태 50에서 1등(等)이 더해지면 장 60이 되었고, 장 100에 2등(等)이 더해지면 도 1년 반이 되었다. 하지만 아무리 등(等)이 더해진다 하더라도 사형(死刑)까지 가중처벌하지는 못 하도록 한 조문이 있어 함부로 죄인을 죽이는 형벌은 금하고 있었다.

태형은 채찍으로 볼기와 등을 판결 횟수만큼 때리는 신체형이었다. 태 10의 판결이 나면 등 5회, 볼기 5회를 때리는데, 만약 수형자가 원하면 볼기만 10회 또는 등만 10회 때리기도 했다. 에도시대의 다타키(敲)는 태형을 부활시킨 것이다.

장(杖)은 때리는 횟수만 많을 뿐 집행 방법은 태형과 동일하였다. 장형은 장 100회를 최고로 하였는데, 구속형(노역형)인 도형이나 유배형에 처할 수 없는 노비 등은 가장(加杖)이라 하여 장으로 대신하였다. 가장의 경우는 최고 200회였는데, 200회 이상 맞으면 죽는 경우가 많았다. 장은 고문에도 이용되었으며, 그것으로 죽은 자도 적지 않았다. 헤이안시대(平安時代)에는 격살(格殺)이라는 것도 있었는데, 이것은 곤장으로 때려죽이는 형벌이었다.

도형은 노예형(노역형)이었다. 남자는 도로 공사와 도로 정원 청소, 여자는 재봉과 쌀 찧기가 주요 노동이었다. 죄수에게는 목에 칼을 채웠다.

당나라에서의 유형은 유 2000리(里), 유 2500리(里), 유 3000리(里)의 3등(等)이었는데, 일본에서는 근(近)·중(中)·원(遠)의 3등(等)으로 나뉘었다. 근류(近流)는 에치젠(越前, 후쿠이현 동부)·아키(安芸, 히로시마현 서부), 중류(中流)는 이요(伊予, 에히메현), 원류(遠流)는 사도(佐渡, 니이가타현)·도사(土佐, 고치현) 등의 여러 지방으로 보내졌다. 도형은 일정한 형기가 있었지만 유형에는 형기가 없었다. 따라서 특별사면이 없는 한 유형수들은 고향으로 돌아갈 수 없었다.

사형(死刑)은 대벽(大辟)의 죄라 하여 교수형(絞)·참수형(斬) 두 가지 형태의 형벌이 있었다. 이 교수형, 참수형은 사람들이 많이 모이는 시장에서 행해졌다. 단, 부녀자의 사형은 대중 앞에서 행하지 않았다. 대중의 변태성욕을 자극할 우려가 있었기 때문이다. 또 5위(位) 이상의 관리나 왕족이 사형에 해당되는 죄를 지었을 경우는 자택에서 자결하도록 했다.

중세의 형벌

  가마쿠라(鎌倉)·무로마치(室町)시대는 난세(亂世)였던 관계로 정치·사회의 주도권을 쥐고 있던 무사 계급이 직접 재판이나 형의 집행을 관장했다. 무사 조직이 형성된 봉건적 주종 관계는 은(恩)과 봉공(奉公)이라는 대가적 쌍방 관계였다. 따라서 당시의 무사들은 주군을 위해 목숨을 아끼지 않았다.

우시자키

당시의 지배계급은 자신의 생명을 가볍게 여김과 동시에 타인의 생명 역시 경시하였다. 이러한 사회 풍조에 따라 중세의 형벌은 주로 목을 베는 것이었으며 교수형은 물론 도형, 태형도 존재하지 않았다. 중세시대 무사의 형벌로는 참수형 외에 영지 몰수와 엔토(유배형)가 있었다. 영지 몰수는 주군이 부하에게 주는 영지 지배권(所領)을 박탈하는 것으로, 죄인 자신뿐만 아니라 가족의 생계마저 포기해야 하는 것이었기에 어떤 의미에서는 사형보다 더 가혹한 형벌이었다. 엔토는 소령(所領)을 소유하지 않은 무사 및 서민에게 부과되었다.

　오닌의 난(応仁の亂, 1467~1477) 이후 전란기는 난세의 극치를 보였고, 사형도 단순히 목을 베는 참수형으로 끝나지 않았다. 죄인을 기둥이나 판자에 대못으로 박고 창으로 찔러 죽이는 하리쓰케(磔, 책형), 죄인을 거꾸로 세워 대못으로 박고 창으로 찔러 죽이는 사카바리쓰케(逆磔刑), 창으로 죄인의 항문을 찔러 창끝이 입으로 나오게 하여 죽이는 구시자시(串刺), 솥에 넣어 삶아 죽이는 가마우데(釜煮), 우시자키(牛裂) 등의 잔인한 형벌이 시행되었다.

　에도(江戸)시대의 고문·형벌이 잔혹했던 것은 전국(戰國)시대의 이러한 풍토를 이어받았기 때문이다.

구시자시   가마우데

사카바리쓰케

2
에도시대의
고문

에도시대의 고문*

고문은 좀처럼 자백을 하지 않는 용의자들에게 신체적 고통을 주어 자백을 받아내려는 수단이다. 죄인(용의자)들이 자신의 죄를 부정하기 위하여 꾀하던 지혜나 요령 등에 비례하여 그 고문의 내용이나 형태, 방법 등이 다양해져 갔다.

고문에는 짧은 시간에 고통을 주는 고문, 장시간에 걸쳐 서서히 고통을 증가시키는 고문, 또는 굴욕감, 공포심, 혐오감을 주는 고문, 그리고 사고력을 잃게 하는 고문 등 갖가지 방법이 존재했다. 일본 고문의 역사 중 가장 엄격했던 때는 14세기 후반 아시카가(足利)기 이후의 전국(戰國)시대라고 할 수 있다. 종류로는 물고문(水責), 불고문(火責), 수옥(水獄), 목마(木馬) 등 상상을 초월하는 고통을 주는 수단이 고안·시행되었다.

목 마

* 『江戶牢獄·拷問実記』横倉辰次 雄山閣 2003. 83項~91項, 『図説江戶の司法·警察事典』笹間良彦 桐書房 1980, 151項~154項 참고 및 부분인용.

불고문은 불을 이용한 고문으로, 불 위를 맨발로 걷게 하거나 불에 달군 부젓가락으로 등과 볼기를 지지기도 했다. 또 체모, 음모를 태우기도 하고, 손과 발에 기름칠을 하고 불을 붙이기도 했으며 연기를 마시게 하는 등 다양한 고문이 행해졌다.

물고문은 죄인을 사다리에 눕혀 결박하고 얼굴에 반복하여 물을 붓는 것이었다. 처음에는 입을 꼭 다물고 참으려 하지만 계속해서 눈과 코로 물이 들어가 끝내는 입을 열고, 숨을 쉬

물고문

게 되어 자연히 물이 입으로 들어가 호흡 곤란으로 고통스러워진다. 그리고 숨을 쉴 때마다 물이 들어가 배가 불러 오는데 이때 다리를 들어 올려 토하게 했다. 토할 때 물이 입과 코로 쏟아져 나와 고통이 가중되는 것이다.

분(糞)고문이라고 하여 물고문의 물 대신 사람의 배설물을 사용하는 경우도 있었다. 도쿠가와 이에야스(德川家康)시대에 요네쓰 간베(米津勘兵衛)가 마치부교(町奉行, 행정, 치안, 재판 담당)로 재직할 당시(1606~1624 근무), 야마나카 겐자에몬(山中源左衛門)이라는 자가 죄를 지어 체포되었다. 처음에는 물고문을 하였으나 좀처럼 자백을 하지 않자 다음날 분고문을 시행하여 자백을 받아냈다고 전해진다.

에도막부시대에는 네 가지 고문으로 무치우치(笞打), 이시다키(石抱), 에비제메(海老責), 쓰리제메(釣責)가 있었다. 에비제메는 1683년 나카야마 가게유(中山勘解由) 부교가 방화절도범을 취조할 때 고안해낸 고문으로 알려져 있다.

1683년 6월, 에도에서 방화범 7명이 체포되었다. 절도범 담당이었던 나카야마 가게유(中山勘解由, 1633~1687)는 여러 가지 가혹한 고문 방법을 동원하여 그들에게서 자백을 받아내었다. 그러나 그중 우즈라 곤베(鶉權兵衛)라는 자가 좀처럼 입을 열지 않았다.

화가 난 가게유는 어떻게든 곤베의 자백을 받기 위해 계속해서 고문을 가했다. 그럼에도 곤베가 계속 입을 다물고 있자 마지막으로 에비제메를 시행하여 자백을 유도하였다. 그러나 결국에는 이마저도 실패했다고 전해진다.

에도시대에는 무치우치, 이시다키, 에비제메의 세 가지는 세키몬(責問)이라 불렀으며 쓰리제메는 그냥 고문이라고 하였다.

고문의 절차

고문 집행 시 입회자로는 우선 심문 담당자(吟味方)와 기록 담당자(書物役), 감시역(御徒目付), 순찰 및 경호(御小人目付)가 있었으며, 실제로 죄인을 고문하는 사람, 그리고 의사와 잡역부 히닌(非人) 등이 동참했다. 심문 담당자는 요리키(与力)라는 마치부교(町奉行) 부속 관리로 부교의 명을 받아 고문을 지휘했다. 사찰이나 신사(神社)를 담당했던 지샤부교(寺社奉行), 그리고 세수(稅收) 및 영내 농민의 행정·소송 등을 관장하는 간조부교(勘定奉行)의 관할지의 죄인도 에도에서는 일단 마치부교에게 의뢰하여 요리키(与力)*가 집행했다.

고문에 관여하는 하급 관리로는 요리키에 부속되어 있는 기록 담당 등 2, 3명이 출석했다.

감시역(御徒目付)과 순찰 및 경호 담당(御小人目付)은 막부 감찰의 지휘 하에 있으면서 감시·순찰도 겸했다. 또 그들은 임시 마치부교소의 경비, 도시행정 감찰도 관장했으며, 고문에도 입회했다(보통 메쓰케〈目付〉라고 불렀다).

메쓰케는 고문 받을 죄인의 명부와 죄목, 그리고 그 내용을 듣고 조사에 문제점이 있는지, 없는지 확인하고, 문제가 있다고 판단되면 그 사실을 상부에 보고하였다. 또 가기야쿠(鍵役)라는 직책이 있었는데 감옥 내의 열쇠 및 죄인의 출입을 관리했다. 따라서 가기야쿠도 고문에 입회해야 했다.

감옥 주치의는 감옥 소속으로 고문 집행 중에 죄인의 응급처치를 위해 출석하여 항시 죄인의 몸 상태를 주시했다. 고문이 끝나면 그들의 몸 상태를 살피고 의식이 맑아지는 약을 먹이고 맥을 짚어서 치료를 하였다.

부교가 출석하는 경우도 있었으나 직접 입회하지는 않고 옆방에서 상황을 파악했다.

겨울에 고문 집행에 입회하는 사람들은 각자 작은 상자 모양의 화로를 지참하였는데 여름에는 그것을 담배 도구 상자로 사용했다. 그리고 취조

---

* 부교를 보좌하며 도신(同心)을 지휘하는 관리.

담당자에게는 스즈리바코(硯箱)라고 하여 필기도구를 수납하는 상자도 지급되었다. 야간에는 촉대(燭臺)로 처마 끝에 등을 달았다.

고문 입회 시 관리들은 평상복인 쓰기가미시모(継裃)를 입었고, 왼쪽 허리에 단도를 휴대하였으며, 감옥 열쇠를 관리하는 가기야쿠는 하오리(羽織), 하카마(袴) 등의 간소한 복장에 칼을 찼다. 직접 고문을 행하는 우치야쿠(打役)와 주치의는 관리직이 아니기 때문에 염색하지 않은 무명옷을 입었다.

죄인은 무명옷 차림에 수갑이 채워진 채로 취조실로 인도되는데, 그곳에는 갖가지 고문도구, 돌, 주판형 삼각판, 밧줄, 호키지리(箒尻) 등이 놓여 있었다. 이는 죄수들에게 겁을 주기 위해서였다. 에비제메와 쓰리제메는 별도의 고문실에서 행해졌다.

고문 도중에 죄인이 자백했을 때에는 고문을 중단하고 의사가 약과 물을 먹이고, 진술을 들은 후에 자백서를 작성하여 내용을 죄인에게 들려주고 지장을 찍게 했다. 무사의 경우 자신이 직접 서명해야 했는데, 가혹한 고문으로 서명이 불가능할 경우에는 지장으로 대신할 수도 있었다.

죄인은 고문 받기 전에 감옥 고참격인 죄수들에게 갖가지 고문에 대한 설명을 들으면서, 죽임을 당하더라도 자백을 해서는 안 된다는 교육을 받는 것이 보통이었다. 그들은 취조실로 나가는 죄인의 입에다 매실을 넣어주며 절대로 자백하지 말 것을 당부하고 격려했다고 한다. 매실은 고문 중의 갈증을 예방하고 호흡을 원활하게 하는 효력이 있었다.

죄인이 자백하지 않은 채 그날의 고문이 끝나고 방으로 돌아왔을 경우, 감옥 안에 있는 죄수들은 모두 함께 그의 옷을 벗기고 부어오른 상처에다 술과 식초를 뿌리며 팔, 다리 할 것 없이 주물러 몸을 풀어 주었다. 그때

장본인은 고통을 견디지 못해 비명을 지르지만 개의치 않고 주물러 굳어진 몸을 이완시켜 주었다고 한다. 그래야만 몸이 빨리 회복되고 반복되는 고문에 견딜 수 있는 강건한 신체를 유지할 수 있기 때문이었다. 이것은 그들의 오랜 경험을 통한 치료 방법이었다. 그러나 죄인이 고문에 견디지 못하고 자백했을 경우에는 어차피 사형을 면할 수 없다는 이유에서 방치해 두었다고 한다.

고문은 사형 죄에 해당하는 용의자에게만 집행하도록 되어 있어, 고문 집행자의 고의로 인한 사망이 아닌 한 책임을 묻지 않았다.

마치부교의 권한으로 집행되는 고문은 로주(老中, 총리직)의 허가를 얻은 후 행해지는 것으로 이는 막부의 명령에 의한 집행으로 간주되었다. 따라서 고문 도중 용의자가 사망했다 하더라도 어쩔 수 없었다. 또 오랜 감옥 생활로 인해 병약해진 자가 많았기 때문에 감옥에서 죽어나간 자는 꽤 되었다.

사망자가 생겼을 경우 그 상세한 내용을 주임 요리키, 입회 요리키가 연명하여 부교소에 제출하면, 심리 서류를 검토하여 죄의 내용을 인정하는 것으로 처리되었다. 부교는 죄인의 사망에 대한 자세한 내용을 로주에게 제출했다.

덴메이(天明, 1781~1789) 연간에 유비키리 신페(指切新兵衛)라는 자가 있었다. 유비키리(指切, 창녀가 맹세나 애정의 표시로 새끼손가락을 자르는 것)는 별명으로, 아마도 유녀와 관계가 깊었던 모양이다.

그는 에도의 환락가 후카가와(深川) 나카초(仲町)에서 매춘업에 종사하는 자로, 도박을 좋아하고 협객인 것처럼 행동하다가 끝내 일을 저지르고 말았다.

체포된 신페는 악당인 만큼 좀처럼 자백을 하지 않았다. 자백을 받아내기 위해 가혹한 고문이 연이어 가해졌고 결국에는 사망하고 말았다.

확실한 증거가 있는데도 끝까지 자백하지 않을 경우에는 담당 부교가 장군의 직속 관리인 로주에게 보고하고 재가를 얻어 사형에 처했다. 이러한 경우는 귀족이나 무사들 중에는 극히 드물었고, 서민의 경우에도 에도 중기 이후에 한두 건 정도였다고 한다.

1836년(天保 7), 효고현(兵庫縣)에서 이레즈미 기치고로(入墨吉五郎)라는 자가 강도 혐의로 체포되어 고문에 처해졌다. 1836년부터 1808년 4월까지 1년 9개월 동안 채찍고문 15회, 이시다키 25회, 에비제메 2회, 쓰리제메 2회로, 합계 44회의 4종의 고문에도 끝내 자백하지 않았다는 기록이 남아있다.

무치우치(笞打)

에도시대에 있었던 고문의 일종으로 죄인에게 처음 집행하는 고문이다. 죄인의 신분이 높든지 낮든지 간에, 고문을 집행하는 관리가 죄인의 수갑을 풀고 상반신을 벗기면 감옥에서 잡용직으로 일하는 시모오토코(下男)가 죄인을 굵은 밧줄로 묶는다. 이때 양팔은 좌우 각기 뒤로 돌려서 어깨까지 끌어올려 묶고, 밧줄의 양끝을 앞뒤로 하여 시모오토코 두 명이 바짝 잡아 당겨서 움직이지 못하게 했다. 사실 이런 상태만으로도 당사자는 심한 고통을 느꼈다.

무치우치는 호키지리라고 불리는 채찍으로 피의자의 어깨 부위를 세게 때려 자백을 유도하는 것이었다. 채찍은 길이 약 60㎝, 둘레 약 10㎝의 대나무를 쪼개어 이것을 삼으로 두르고 다시 종이와 옷감으로 감아 견고하게 한 것인데, 손잡이에는 사슴 가죽을 15㎝ 정도 감았다.

채찍질을 할 때는 피의자 한 명당 집행인 한 명이 때리는 경우도 있었고 두 명이 양쪽에서 교대로 때리는 경우도 있었다.

여자의 경우 생리할 때는 고문을 금했으며, 채찍질을 할 때 허벅지가 보이면 일단 중지시켰다. 고의적으로 허벅지를 벌리는 여자의 경우에는 무릎을 묶어놓고 시행하기도 하였다.

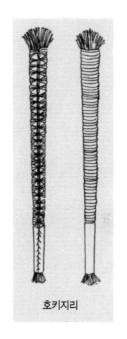

호키지리

피부가 터져서 출혈이 심할 경우에는 시모오토코가 상처에 모래를 뿌려 지혈시킨 뒤 다시 집행하였다고도 한다. 이렇게 때리고 묻고를 반복하면서 자백을 유도하는데, 대체로 때리는 횟수는 150~160회였으며 그때까지 자백을 하지 않으면 일단 고문을 중지하였다.

묶인 채 채찍을 맞는 죄인은 대개 고통을 참지 못하고 큰 소리로 울부짖으며 얼마 안 가서 자백을 하였다고 한다. 그러나 가혹한 채찍질 고문에도 꿈쩍하지 않고 눈을 감은 채 평정심을 잃지 않는 자의 경우에는 자백을 받아내기가 힘들었다. 또 어떤 죄인들 중에는 특이한 체질의 소유자가 있기도 했고, 고문을 받으며 불경을 읊는 자들도 있었다고 한다.

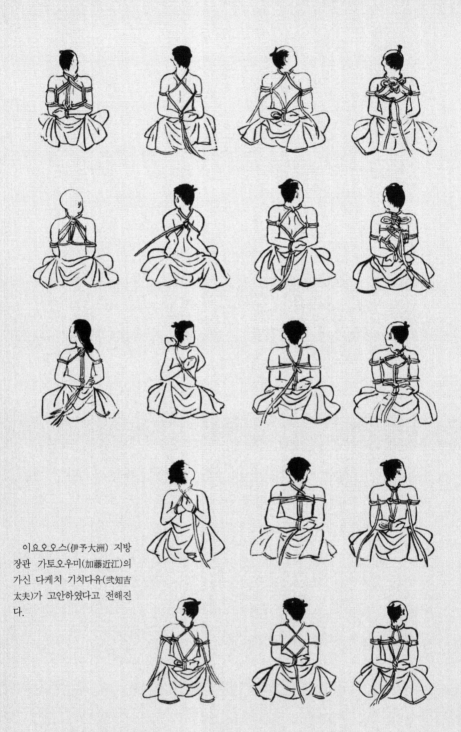

이요오오스(伊予大洲) 지방
장관 가토오우미(加藤近江)의
가신 다케치 기치다유(弐知吉
太夫)가 고안하였다고 전해진
다.

포박 18종류

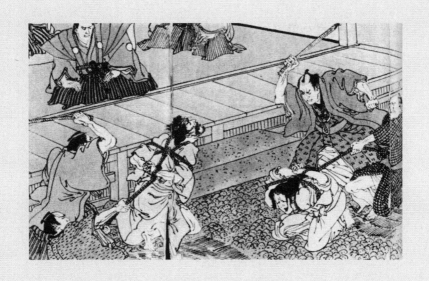

우치야쿠(打役)

우치야쿠

죄인(囚人)

시모오토코(下男)

무치우치

이시다키(石抱)

몸이 회복될 때까지 기다렸다가 다시 때리는 식으로 여러 번의 무치우치를 행해도 도저히 자백이 불가능하다고 판단되면 두 번째 단계인 이시다키를 하게 된다. 이것은 주판고문(算盤責)이라고도 불렀는데, 기둥에다가 죄인의 몸과 양팔을 뒤로 묶은 뒤, 삼각으로 날카롭게 홈이 파인 소로반이타(十露盤板)라고 불리는 삼각판 위에 움직이지 못하게 무릎을 꿇려 앉게 하고 무릎 위에 돌을 올려놓는 것이었다. 돌은 수성암(水成岩)으로 길이약 91cm, 폭 33cm, 두께 약 9cm로 자른 것인데, 무게는 1장당 약 48.75kg 정도였다. 높이는 다섯 장을 올리면 거의 턱까지 닿았다. 10장을 올려도 자백하지 않았다는 사례도 전해지고 있다.

고문 도중 죄인이 고통으로 인하여 입에서 거품을 토하고 콧물을 흘리기 때문에 돌 위에는 짚을 깔아 두었다. 또 돌이 떨어지지 않도록 굵은 밧줄로 기둥에 묶어 고정시켰다.

이시다키는 5장부터 시작했다. 보통 5, 6장을 올려놓으면 대부분 기절하거나 바로 자백했다. 그래도 자백을 하지 않으면 하루걸러 고문을 하였고 그때마다 돌을 한 장씩 추가하여 올렸다. 첫날에 10장을 올리는 경우는 거의 없었다. 이러한 식으로 5장, 7장, 10장까지 올리는데 시간이 경과되면 온몸이 파랗게 변하고 입에서 거품이 나오다가 피를 토하기도 했다. 그래도 자백을 하지 않으면 시모오토코를 동원해 돌을 흔들었다. 이는 다리의 살이 나무에 패어 들어가 뼈가 부서질 정도의 고통을 주었다고 한다.

고문 시간은 3, 4시간 정도인데 독한 자의 경우에는 그 시간을 연장하기도 하였다. 석판 7, 8장에 숨을 거두는 자가 있는가 하면, 어떤 자는 잠든

이시다키

것처럼 코를 골며 황홀한 상태에 빠지는 경우도 있었다고 전해진다. 또 교활한 자는 일부러 죽은 척하여 시간을 벌려고 했다고 한다. 고문 담당자는 수시로 죄인의 호흡 상태를 확인하고 돌의 추가 여부를 결정했다. 이러한 과정에서 실수로 죽는 자도 있었다고 한다.

끝까지 자백하지 않을 경우에는 시모오토코에게 돌을 내려놓게 하고 서둘러 죄인을 눕혀 응급처치를 한 후 냉수를 마시게 하여 다시 감옥으로 보냈다.

소로반이타는 나무통을 삼각으로 깎아서 5개를 병렬시켜 10㎝의 못으로 박아서 붙인 형태였다. 실제로 이 삼각판 위에 앉아있는 것만으로도 고통스러운데 하물며 무릎 위에 65관(242.75㎏, 5개 중량)의 중량이 가중되면 고통은 상상을 초월한다. 그래서 대개는 2, 3장에서 자백했다고 한다.

이시다키는 방화·절도 담당 요코타 곤주로(橫田權十郎)가 고안했다고 전해진다.

여자 죄인에게 이시다키를 하는 일은 거의 없었는데, 돌을 세 장 정도만 올려놓아도 관리가 볼 때 힘들어하는 모습이 역력하였으며, 아주 힘들 경우 변을 배출하는 일도 있었다고 한다. 이럴 때에는 여자에 한해서 중지시켰다.

여자의 이시다키 사례로는 에도 지방관 미카와 하치조(三河八藏)의 아내 도미가 돌 세 장을 안고 기절했다는 기록이 있다.

간통을 한 여자가 애인과 짜고 남편을 죽인 죄로 잡혀 왔다. 애인인 남자는 이미 자백을 한 상태라 그녀의 죄는 확실했지만 당사자에게 자백을 얻어내야 했기 때문에 취조를 했다. 여자는 꽤 독했다. 남자의 자백 사실을 알려줬는데도 범행을 부인했다.

첫날 무치우치를 한 차례 했을 뿐인데 기절을 하여 이 이상의 취조는 다음날로 연기되었다. 하지만 채찍질만 하면 기절을 하니 감당할 수가 없었다. 일부러 기절하는 척 연기를 하는 것 같았다.

며칠 후 무치우치를 포기하고 이시다키를 시행하였다. 채찍에 맞는 것과는 달리 기절한 척을 해도 돌의 무게로 인해 고통이 계속되자 바로 자백했다고 한다.

나중에 여자 감방의 죄수들에게 물어보니 이 기절이 고문을 피하는 수법 중 하나라고 했다.

다른 여자 죄수는 채찍질 고문을 할 때면 일부러 다리를 벌려 음부를 보였는데, 이를 본 집행자들은 당황하며 곤란해 하였다. 그러나 이 여자도 이시다키에 바로 자백했다고 한다.

또 다른 경우, 여자를 고문할 때 주의를 요하는 것은 쓰리제메였다. 매달린 채로 오줌을 싸는 바람에 밑에 있는 사람들이 오줌 세례를 받았다고도 전해진다.

에비제메(海老責)

앞의 채찍고문, 이시다키를 거듭해도 자백을 하지 않는 죄인에게는 몸이 어느 정도 회복될 때까지 기다렸다가 에비제메을 시행하였다. 에비제메(海老責)는 그 고문 형태와 붉어진 피부색이 새우(海老, 에비)와 흡사하다고 하여 이름 붙여진 고문이다. 죄인의 윗도리를 벗기고 양팔을 뒤로 돌려 묶은 상태로 앉힌 뒤에 허리와 머리를 최대한 앞으로 굽히게 하여 양발이 턱과 밀착될 때까지 밧줄로 묶어 고정시키는 방법이었다. 이 고문은 무리한 자세 때문에 처음부터 고통스럽고 시간이 경과할수록 그 고통은 더욱 심해진다. 전신의 혈액순환 장애를 일으켜 30분이 경과하면 온몸이 보라색으로 변하고 의식이 혼미해진다. 평균 고문 시간은 3, 4시간이었다.

에도시대의 사례는 아니지만 에도의 풍습이 아직 남아 있던 시대였다는 점에서 참고로 소개하겠다.

에비제메

1871년(明治 4) 히로사와 사네오미(広沢真臣, 1834~1871)가 암살당하는 사건이 있었다. 그의 애첩 후쿠이 가네(福井かね)가 암살자를 사주한 혐의로 형부성(刑部省)에 체포되었는데, 여러 번 고문을 시행하였지만 끝내 자백하지 않아 결국 에비제메를 하게 되었다. 그러나 반복하여 에비제메를 받는 동안 가네는 그 고문에 익숙해져버렸다. 결국 고문 형태가 점점 가혹해져서 엉덩이에 매질하기까지 하며 하루 세 번 에비제메를 한 끝에 결국 자백을 받아냈다. 그러나 재판에서 고문에 의한 자백으로 인정되어 사건 3년 후 석방되었다.

이시다키와 무치우치는 상처가 나지만 에비제메는 상처가 나지 않고 몸을 압박하여 고통을 주는 것이기 때문에 이것이 반복되면 인내력도 증가되어 익숙해졌다. 그래서 방화·절도 담당 관저에서 집행되는 에비제메는 고통을 더하기 위해 밑에다 주판을 놓기도 했고, 얼굴을 밑으로 하고 하반신을 위로 세워서 고문을 가하기도 했다.

여자들 중에는 에비제메를 당하면 바로 기절하는 척하는 자도 있었기 때문에 그것을 확인하기 위해 하복부를 손으로 확인하는 일도 있었다. 이 고문은 고통이 극에 달하는 것인데, 고문에 익숙해져버리면 여자는 오히려 황홀감에 빠져 고통의 표정이라기보다는 넋이 나간 듯이 입을 벌리고 물어도 대답을 못하는 상태에 빠지기도 했다고 전한다.

어떤 여자는 에비제메를 당하면 흥분하여 분비물을 흘리면서 실신하는 경우도 있었는데 그럴 경우에는 바로 채찍질을 가하여 정신을 차리도록 했다.

남자에게도 여자와 같은 경우가 있었는데, 기네즈미 기치고로(木鼠吉五

郞)는 에비제메를 할 때마다 황홀해 하여 집행자들을 여러 번 당황하게 했다는 기록도 있다.

쓰리제메(釣責)

에비제메에도 자백을 안 하는 죄인에게는 매달아서 고문을 집행하는 이른바 쓰리제메가 행해졌다. 양팔을 뒤로 비틀어 올려 손과 손목을 종이와 짚으로 감아 밧줄로 묶고, 남은 밧줄로 가슴을 감아 고정시켜 매다는 방법이었다. 그렇게 하지 않으면 팔이 비틀려 올라가 어깨와 팔뼈가 부러지기 때문이었다. 먼저 종이와 짚으로 감은 뒤 그 위에다 밧줄을 묶는 것은 밧줄이 피부에 직접 닿을 경우, 살을 파고들어 밧줄을 풀 때 살이 찢어져 묻어나기 때문이었다. 또 여자는 가슴을 묶을 때 유방 위에다 묶어서는 안 되었다. 여자의 유방은 급소여서 자칫 잘못하면 절명할 수 있기 때문이었다.

매달린 무게로 인해 묶은 밧줄이 점점 죄어들기 때문에 고통으로 실신하고 또 그 고통 때문에 깨어나기도 했다. 이것은 2시간 이상 견디기 힘들었다고 한다.

여자는 허리띠로 발목을 묶었다. 그렇게 하지 않으면 고통스러운 나머지 발버둥을 쳐 아랫부분이 노출되기 때문이었다. 여자들은 매달린 채로 소변을 흘렸기 때문에 집행자들은 각별히 주의해야 했다.

2, 3시간 경과하면 발톱에서 피가 떨어질 정도였다.

지면에서 10cm 정도
위로 매단다

종이로
감는다

종이
문고리

기둥

문고리

쓰리제메

사토즈메(察斗詰)

에비제메, 쓰리제메로 대개는 자백을 하지만 개중에는 끝까지 자백을 하지 않는 자도 있었다. 자백을 하지 않는 경우에는 죄상이 확실하다는 내용의 기소장과 회의록을 자세하게 기록한 서류를 로주에게 제출하여 죄에 상당하는 형벌을 허가받았는데 이를 사토즈메라 했다.

이러한 사례는 에도시대에 몇 명 있었다. 그중 유명한 자는 앞서 기술한 하리마(播磨, 효고현 남부)의 무숙자(無宿, 호적이 말소된 자) 이레즈미 기치고로(入墨吉五郎)로, 일명 기네즈미 기치고로라는 자였다.

여행자 행색으로 부하 4, 5명과 함께 엔슈야(遠州屋) 다다조(忠藏)의 집에 들어가 공갈협박으로 금품을 갈취한 죄로 체포되어 1834년(天保 5)부터 햇수로 3년간 28회나 고문을 했지만 자백하지 않아 결국 사토즈메 결정으로 처형되었다.

아래는 1834년 7월 21일 체포된 하리마 출신의 이레즈미 기치고로(入墨吉五郎)를 기타마치부교(北町奉行, 에도 북부의 치안 행정을 담당했던 관리) 사카키바라 가즈에노카미카카리(榊原主計頭掛)가 취조했을 때의 고문 사례이다.

- 8월 11일   무치우치와 이시다키
- 9월 16일   무치우치와 이시다키
- 9월 19일   무치우치와 이시다키

단기간에 무치우치와 이시다키를 같은 날 병행했고, 10월 21일에 일단 자백했다. 보통은 무치우치를 시행하고 며칠 후 이시다키를 하지만 몸이 아주 튼튼한 자여서 무치우치 후에 바로 이시다키를 실시했다. 그래서인지 처음에는 회복이 늦어 1개월 휴식기간을 두고 고문을 했다. 고문 4회째 되는 날에는 고통을 견디지 못하고 결국 자백을 했다. 일단 감옥에 수감시켰는데 3일 후 10월 24일 밤, 고문 때문에 성치 않은 몸으로 탈옥을 했다.

다음 해 1835년(天保 6) 6월 3일, 정부 오린과 잠복 중 체포되었다.

- 4월 9일   무치우치와 이시다키 8장
- 4월 11일   무치우치와 이시다키 8장
- 4월 13일   무치우치와 이시다키 8장

하루걸러 390kg이나 되는 돌을 얹었지만 의외로 저항력이 강하여 좀처럼 자백을 하지 않았다. 기타마치부교소의 고문집행관(吟味与力) 도조 핫타로(東條八太郎)도 혀를 내둘렀다. 마치부교를 통해 로주에게 사토즈메(察頭詰)를 요청했다. 하지만 로주(老中, 총리직)는 고문집행관이 서툴러서 그랬을 것이라고 추측하고 허가를 내주지 않았다. 이번에는 마쓰우라 사쿠주로(松浦作十郎)에게 재고문을 명했다. 사쿠주로는 처음부터 채찍질과 이시다키를 여러 번 시도했으나 끝내 자백하지 않아, 이번에는 고문실로 끌고 가 에비제메를 했지만 허사였다. 기치고로가 고문에 익숙해져 집행관을 우습게 보는 것을 보고 황당하여 사쿠주로도 결국 고문을 포기했다. 재차 청원서를 로주에게 제출했지만 이번에도 로주는 허가하지 않았다. 아무리 고문을 많이 했다 하더라도 아직 쓰리제메도 하지 않고 포기하는 고문관의 태도가 마음에 들지 않아서였다.

그래서 이번에는 냉혹하기로 이름난 고문담당관 다니무라 겐자에몬(谷村

源左衛門)에게 명하여 자백을 받도록 했다.

채찍, 이시다키 9장, 에비제메, 쓰리제메까지 시도했지만, 기치고로는 실신하는 방법까지 습득하여 아무리 고통을 가해도 고통에 취해 정신을 잃었기 때문에 자백을 얻어낼 수 없었다. 유명하던 겐자에몬도 두 손 들고 청원서를 제출했다. 4월 9일부터 28일까지 고문집행관 세 명이 바뀌고, 고문도 거의 매일 반복되었지만 허사였다.

로주도 조금은 지쳤지만 기치고로의 이상체질에 흥미를 느껴 해볼 때까지 해보라는 식으로 계속되는 요청을 받아들이지 않았다. 이번에는 겐자에몬보다 더 잔혹하기로 알려진 나카지마 가에몬(中島嘉衛門)에게 고문을 명했다.

기치고로는 때때로 에비제메를 당했는데, 그 고문은 신체에 손상을 주지 않기 때문에 오히려 고문을 받을 때마다 저항력이 생겨 효과가 없었다. 또 에비제메를 2시간 이상 계속하면 생명이 위험함에도 불구하고, 무려 4시간이나 지속했으나 사망하지 않고 실신했을 뿐이었다. 그리고 잠깐 휴식을 취하게 하고 바로 쓰리제메 단계로 들어갔다. 채찍고문을 동시에 하는 쓰리제메가 끝나자 이시다키를 실시, 돌 8장을 올렸는데 기치고로는 자백은커녕 생사를 넘나드는 황홀감에 빠져 가에몬을 지치게 했다.

사토즈메 청원서도 내용이 간단해져서, 증거가 충분하므로 이 이상 자백을 강요할 필요가 없으니 사토즈메를 허가해 달라는 내용이었다.

고문집행관이 이렇게도 무능하면 안 된다고 생각한 로주는 오기로 요청을 받아들이지 않았다. 마치부교소도 곤란해져 미요시 산지로(三好三次郎)에게 고문을 맡겼으나 결국 실패하였고, 이번에도 허가받지 못해 마지막으로 요네쿠라 사쿠지로(米倉作次郎)가 고문을 실시했다.

1836년(天保 7) 4월 21일, 기치고로는 쓰리제메에 처해졌다. 기치고로도 장기간 고문으로 몸 상태가 나빠졌는지 한 시간 반 정도에 기절, 다음날 옷을 다 벗기고 쓰리제메를 실시했을 때는 5시간 만에 기절했다.

결국 사쿠지로도 자백을 얻는 데에 실패하고, 기각을 당하면 사직할 각오로 청원서를 제출했다. 부교소에서도 이것에 관한 회의록까지 첨부하여 제출하였다.

1836년 5월 23일, 로주 평의(評議)를 거쳐 사토즈메 재가를 결정하여 기치고로는 처형되었다.

3
에도시대의
형벌

에도시대의 형벌

세키가하라(關ヶ原, 1600) 전투를 마지막으로 일본 천하를 통일한 도쿠가와 이에야스(德川家康, 1542-1616)도 원래는 전국시대의 영주(戰國大名) 출신이었기 때문에 에도시대 초기의 형벌이 참혹한 것은 당연한 일이었다. 10량 이상의 절도범은 사형이었고, 통행증 없이 관문을 빠져나가다가(關所破) 적발되었을 때에는 그 자리에서 하리쓰케, 도박은 효수형에 처해졌다.

이처럼 에도 초기의 형벌은 원칙적으로 사형이었고, 가벼운 형인지 무거운 형인지는 죽이는 방법으로 정해졌다. 따라서 에도시대 고덴마초(小伝馬町)의 감옥을 징역형, 구금의 의미를 가진 장소로 속단해서는 안 된다. 에도시대 초기의 감옥은 미결수를 구금하는 곳으로, 죄가 확정되면 끌려가 참수하거나 하리쓰케에 처했다.

에도 중기에 이르러 사회가 안정되고 문화정책이 어느 정도 실효를 거두자 형벌의 잔인함도 어느 정도 누그러졌다. 그러나 무가(武家) 사회의 통념이 서민에게까지 미쳐 부모에 대한 불효, 주인에 대한 불충은 엄하게 다스려 형벌 또한 무거웠다. 절도도 주인의 물건을 훔치는 행위에 대한 형벌이 더 무거웠다. 그러나 그 반대의 경우는 형량을 한 단계 낮춰 사형이 아닌 엔토(遠島, 유배형)에 처했다.

8대 장군 도쿠가와 요시무네(德川吉宗, 1684~1751)가 구지카타오사다메가키(公事方御定書, 에도막부 법전, 1742)를 공표하여 사형 외에 엔토·추방·문신(入墨, 刺子)·다타키(敲, 태형) 등의 가벼운 죄에 해당하는 형벌을 마련한 것은 에도시대 형벌사의 전환점이 되었다고 할 수 있다. 그러나 요시무네는 보수적인 정치가였기 때문에 하리쓰케, 고쿠몬(獄門, 참수 후 잘린 죄수의 목을 매다는 형벌, 효수[梟首])과 같은 잔인한 형벌을 완전히 없앨 수는 없었다. 때문에 에도 후기에는 이러한 가혹한 형벌의 적용을 피하기 위해 범죄 행위를 보고도 못 본 척하거나 고의로 범죄 정도를 완화시켜 인식하는 것이 능력 있는 부교(奉行, 치안 행정을 담당했던 관리)의 소양이기도 했다. 예를 들어 당시의 법령에는 에도 초기의 것을 그대로 답습하여 현금 10량 이상을 훔친 자는 사형에 처하라고 되어 있었는데 화폐가치도 바뀌었고, 시대적으로도 상황이 바뀌었기에 교호(享保, 1716~1736), 겐분(元文, 1736~1741) 연간의 부교는 설령 10량을 도난당했어도 피해자에게 10량 미만의 도난 신고서를 제출케 했다.

당시 법령의 사형에는 게슈닌(下手人, 참수형), 시자이(死罪, 교수형 또는 참수형), 고쿠몬(獄門, 효수형), 하리쓰케, 가자이(火罪, 화형), 노코기리히키(鋸引, 목에 톱질하는 형벌)의 6종류가 있었는데, 그 외에도 추방형, 신체형, 재산형 등도 있었다.

에도시대에 구지카타오사다메가키(公事方御定書)를 소유하고 있는 자는 마치부교·간조부교·지샤부교 뿐이었다. 형벌에 대한 공포심을 불러일으켜 범죄를 억제하려는 일종의 신비주의 전략이었다.

부교 독자 권한으로 형벌을 내릴 수 없는 정치범이나 중죄의 판결에 있어서는 로주의 허가가 필요했으며, 로주는 구지카타오사다메가키(公事方御

定書)를 가지고 있는 세 부교에게 심의하도록 하여 의견을 듣고 허가를 내렸다.

마치부교소에서는 여자에게는 관습적으로 형을 한 단계 감형해 주었는데, 어쩔 수 없는 중죄가 아닌 한 사형에 처하는 일은 없었다.

이하 형벌의 내용을 사례와 함께 소개하기로 하겠다.

생명형(사형)

노코기리비키(鋸引)

노코기리비키는 일종의 하리쓰케이다. 에도시대에는 죄수를 포박하고 죄상을 기록한 표식을 목에 걸게 하여 말에 태워 부내(府内)와 범죄현장 등을 돌며 사람들에게 공개하는 히키마와시(引き回し)를 했다. 그 후에는 사방 약 90cm, 깊이 약 75cm의 상자를 땅에 묻고 죄수를 그 상자 안에 넣어 목에 칼을 채우고 목만

노코기리비키

지면 위로 나오게 했다. 옆에는 대나무톱을 놓아두고 희망자에게 톱질을 하도록 했다. 톱의 길이는 약 45㎝였다. 노코기리비키가 끝나면 하리쓰케에 처해졌다.

역모 죄를 지은 자를 이 형벌에 처했다는 기록이 있는데, 게이안(慶安, 1648~1652) 연간에 묘센(妙仙)이라는 자가 구경꾼에 의해 실제로 톱질을 당하여 어깨와 목에 심한 상처를 입었는데 흘린 피를 그대로 톱에 묻혀 놓았다고 전해진다.

시대가 평화로워지면서 죄인에게 직접 톱질을 하는 자가 차차 없어지게 되며 이 형벌은 행사적, 시범적 성격으로 변했다.

- 1641년(寬永 14) 10월 7일, 도쿠가와 장군 직속 친위대인 쇼인반(書院番) 나이토 시로자에몬 마사지(內藤四郎左衛門正次)의 가복 2명이 주인 마사지의 처사에 불만을 품고 도주했다. 막부 당국은 막부에 대한 도전이라 생각하여 자존심을 걸고 끝까지 추적하여 그들을 체포하였다.

  12월 27일부터 시내 히키마와시 후 니혼바시(日本橋)에서 노코기리비키형에 처해졌다. 이때 이 두 사람 외에 보증인도 도망을 방조했다는 죄를 물어 같은 형을 당했다. 또 범인의 부친, 형제, 보증인의 처자까지 연루되어 모두 10여 명이 아사쿠사 형장에서 하리쓰케에 처해졌다.

  주인 살해에 대한 극형의 판결이 이때 정해졌다고 한다.

- 오야마다 쇼자에몬(小山田庄左衛門, 1677~1721)은 주군의 복수를 위해 동료들과 행동을 같이 하다 결전의 날을 며칠 앞두고 갑자기 사라졌다. 그 쇼자에몬이 세월이 지나 후카가와만넨초(深川万年町)에서 내과의를 개업

했다. 이름도 나카지마 류세키(中島隆碩)로 바꾸었다. 1720년(享保 5) 말, 그가 운영하고 있던 의원의 종업원 나오스케가 돈을 훔쳐, 류세키가 추궁하자 그 사실을 인정했다. 돈을 훔친 나오스케(直助)는 곤베(權兵衛)와 동일 인물로, 자신을 감출 때는 가명인 곤베를 사용했고 실제 이름은 나오스케였다.

나오스케는 5월 15일이 지나 보증인 입회하에 책임 추궁을 받기로 되어 있었다. 15일 밤, 나오스케는 류세키 부부를 참살하고 현금을 비롯하여 의복, 칼 등 돈이 될 만한 물건을 챙겨 도주했다. 조슈(上州)에 살고 있는 나오스케의 부모를 연행하여 행방을 추궁했지만 6월이 되어도 밝혀지지 않았다. 그래서 지금의 몽타주와 같은 인상서(人相書)가 작성되었다.

인 상 서

얼굴은 길고 피부는 검다. 사카야키(앞머리를 면도한 부분)는 두럽고 머리는 둥글다. 콧날은 바르고 눈썹은 짙다. 쌍꺼풀진 서글서글한 눈에 눈꼬리는 직선으로 뻗어있다. 인중은 길고, 광대뼈가 조금 튀어나왔고 볼 아래는 홀쭉하다. 말투는 거친 편이나 목소리는 그리 큰 편이 아니다. 눈 밑에 작은 점이 있다. 목은 조금 긴 편이고 이마는 조금 넓은 편이다. 중간 키로, 상체는 조금 굽었고 허리는 둥글다. 손발은 크다. 몸은 근육질로 탄탄하다. 실제 나이는 22살이지만 25, 6살로 보인다.

인상서치고는 꽤 상세한 편이다.

나오스케는 고지마치(麴町) 4초메 방앗간 야마토야(大和屋) 기헤이(喜兵衛)의 종업원으로 일하고 있었고, 곤베로 이름을 바꾼 상태였다. 이름뿐만 아니라 이마 위로 넓게 머리털을 뽑아 머리 모양을 바꾸는 등 자신의 모습도 바꾸었다. 그러나 훔쳐온 칼을 팔려다 꼬리가 잡혀 6월 12일 마치부교 나카야마 이즈모카미(中山出雲守)*에게 체포되었다.

나오스케는 7월 22일 히키마와시에 처해져, 24, 25일에는 니혼바시에서 대중들에게 공개되었다. 그 사이에 노코기리비키형을 받았으며, 26일 스즈가모리에서 하리쓰케에 처해졌다.

• 1623년(元和 9) 10월 오하라 겐지로(大原源次郎)의 가택에 침입하여 집안 사람을 죽이고, 절도를 한 10인조 강도범은 길가에서 노코기리비키를 7일간 계속하다 죽임을 당했다.

　또 가족을 살해한 자도 노코기리비키에 처해졌다.

하리쓰케(磔, 책형)

하리쓰케는 상대시대부터 존재했던 형벌이다. 에도시대에는 주인을 살해하거나 부모를 죽인 자, 그리고 관문을 몰래 빠져나간 자 등 악독한 죄를 지은 자에게 행해지던 형벌로 죄인을 나무 십자가에 묶고 좌우에서 히닌(非人)이 창으로 20~30회 정도 옆구리에서 어깨까지 찌르고 마지막으로

---

* 나카야마 이즈모카미(中山出雲守).
　〈中山〉은 姓이고, 〈出雲〉은 지방명칭, 〈守〉는 지방장관을 의미한다.

상의 겨드랑이 부분을
찢어 가슴 중앙으로
모아 밧줄로 묶어
상체 양쪽이 보이도록
한다.

팔뚝묶기

팔목묶기

앞고름묶기

X자묶기

몸통묶기

걸상

횡목은
6cm
각재(角材)

발목묶기

지면에서
약 150cm

창은 창끝이
몸통을
관통하여
약 30cm
몸통 밖으로
나오게 한다.

부녀자의 형틀에는
걸상이 없기 때문에
양다리를 묶는다.

하리쓰케

목을 찔러 숨통을 끊는 형벌이었다.

에도시대에는 서민들에게만 적용했으며, 하리쓰케에 처해지는 죄는 다음과 같았다.

1. 주인을 죽인 자.
2. 부모를 죽인 자.
3. 돈을 받고 맡아 키우기로 한 아이를 죽인 자.
4. 옛 주인을 공격하여 부상을 입힌 자.
5. 밀통을 하여 본남편을 죽인 여자.

6. 거대한 모략을 꾀한 자.

7. 관문을 무단출입한 자.

8. 위조화폐를 만든 자.

9. 스승을 죽인 자.

10. 부모를 구타하여 부상을 입힌 자.

11. 주인 또는 부모가 중죄를 지었다고 위장하여 소송한 자.

　여기서 1은 노코기리비키가 부가형으로 집행되었다. 2, 3, 4, 5, 6은 시가지를 돌며 대중들에게 죄수를 공개하는 히키마와시(引回し)가, 7, 8은 사라시(晒)가 부가되었다. 또 1, 2, 6, 9는 형 집행 전에 죄인이 죽으면 사체를 소금에 절여 살아있는 것처럼 집행을 했다.

히키마와시

아주 참혹한 이 형벌은 기독교 전래 이후부터 사용되어 그 사례가 많은 편이다.

게이안(慶安, 1648~1652) 연간, 다이묘의 부하와 가신들에게 군학을 가르치던 유이 쇼세쓰(由比正雪, 1605~1651)의 사례이다.

사관(仕官)직을 구하려고 에도에 모여든 직업 없는 무사들은 쇼세쓰를 의지하고 있었다. 그러나 당시 다이묘들은 인원을 정비하고 있었기 때문에 일자리를 구해 주는 것이 좀처럼 쉽지 않은 실정이었다. 에도시대에 들어서는 전쟁이 없었기 때문에 일어나지도 않을 전쟁에 대비해 필요 이상으로 부하를 양성하는 것은 일종의 낭비였기 때문이었다.

반대로 전란의 분위기를 조성하면 놀고 있는 무사들의 일자리가 자연히 열릴 것이라고 쇼세쓰는 계산하였다.

쇼세쓰는 슨푸(駿府, 시즈오카) 구노산(久能山)에서 농성에 들어갔고, 마루바시 추야(丸橋忠彌, ?~1651)는 에도에서, 가토시로 우에몬(加藤市郎右衛門)은 교토에서, 가나이 한베(金井半兵衛, ?~1651)는 오사카에서 소동을 일으켰다. 보름에서 한 달 정도만 버티면 여러 다이묘 중에서 도쿠가와 정권에 반대하는 무리들이 나타날 것이다. 그러면 전쟁이 일어나 세상이 어지러워질 것이라는 작전이었다.

그러나 마루바시 추야를 고발한 활 만드는 장인 후지 시로(藤四郎)와 직업이 없는 무사 하야시 리에몬(林理右衛門), 마쓰다이라 노부쓰나(松平信綱, 1596~1662)의 부하의 동생 하치로에몬(八郎衛門)에 의해 사전에 발각되어 슨푸에 가 있던 쇼세쓰 일행은 묵고 있던 숙소가 포위당하여 자살했고, 교토와 오사카에서도 모두 체포되었다.

판결문을 보면 자살한 쇼세쓰의 사체가 하리쓰케에 처해진 것을 알 수 있다. 에도에서 잡힌 추야 일행에 대한 판결문은 남아 있지 않지만, 스즈가모리 처형장에서 29명이 하리쓰케, 7명이 참수형에 처해졌다.

이러한 중범죄인에게는 인상착의를 기록한 인상서(人相書)가 있었는데, 쇼세쓰의 인상서는 다음과 같았다.

쇼세쓰의 인상

1. 나이 40 남짓.
2. 키가 작고, 피부는 백색, 이마는 좁고, 머리는 흑발, 입술 두터움.
3. 눈은 부리부리함.

- 1679년(延宝 7) 11월, 히라이 곤파치(平井權八)라는 자가 노상 강도질을 하고 연행되던 중에 수갑을 풀고 도주했으나 결국 체포되어 히키마와시 후 스즈가모리(鈴ヶ森)에서 하리쓰케에 처해졌다.
- 1651년(慶安 4), 유이 쇼세쓰(由井正雪, 1605~1651)의 음모에 가담한 마루바시 추야(丸橋忠彌, ?~1651)는 본인을 비롯하여 그의 모친과 아내, 동료 등이 하리쓰케 또는 참수형에 처해졌다.
- 1658년(萬治 1), 위조화폐를 사용한 남자 1명 현지에서 하리쓰케.
- 1674년(延宝 2), 간다(神田) 사쿠마초(佐久間町) 도베(藤兵衛)의 봉공인 고헤(五兵衛)는 주인의 아이를 살해한 죄로 에도 시내에서 히키마와시 후 노코기리비키, 4월 4일 아사쿠사(淺草)에서 하리쓰케에 처해졌다.

- 1695년(元祿 8) 3월, 주인 기무라 니사에몬(木村仁左衛門)을 살해한 로쿠베(六平)라는 자는 니혼바시(日本橋)에서 3일간 사라시 후 노코기리비키, 아사쿠사(淺草)에서 하리쓰케를 당했다.

- 1742년(寬宝 2) 7월, 슨슈(駿州, 현 시즈오카현) 다케하라(竹原)촌 시치우에몬(七右衛門)의 여동생 나쓰는 반시치(伴七) 저택에서 봉공했는데, 반시치의 아들 시치로헤(七郞兵衛)와 밀통하여 임신한 이유로 쫓겨난 것에 앙심을 품고 시치로헤에게 부상을 입힌 죄로 히키마와시 후 하리쓰케에 처해졌다.

- 무숙자 고헤(五兵衛)는 조슈(上州, 현 군마현), 에치고(越後, 현 니이가타현) 관문을 피해 여자를 데리고 산을 넘은 죄로 하리쓰케를 당했다.

- 1803년(享和 3), 고슈(甲州, 현 야마나시현) 야자와(八澤)촌 농민 요사에몬(用左衛門)은 계모 소메를 살해하여 히키마와시 후 하리쓰케에 처해졌다.

- 1671년(寬文 11), 군마현 다테바야시(館林) 출신 쇼산(正山)은 젠코지(善光寺)에서 수행 중 비구니 세이운(淸雲)과 밀통한 사실이 세이운의 제자 세이지(淸慈)에게 발각되었다. 평정소(評定所, 재판소)에서 조사한 결과 사실로 판명되어 에도 히키마와시, 아사쿠사에서 하리쓰케에 처해졌다.

- 1772년(明和 9), 오사카(大坂)의 기하치(喜八)는 주인 기에몬(喜右衛門)의 아내 마스에게 밀통을 제의했고, 마스는 남편의 의심을 사서 이혼 당하자 자살했다. 그 죄로 기하치는 하리쓰케에 처해졌다.

- 1788년(天明 8) 부슈(武州, 현 도쿄·사이타마) 기치조지(吉祥寺)촌의 덴조(傳藏)는 돈을 훔치려고 부친의 집에 숨어들어 가다 들켜 부친을 다치게 하고 도망, 7회에 걸친 야간 침입 죄로 하리쓰케에 처해졌다.

임신 중인 여자에게는 하리쓰케 집행을 하지 않고 출산 후 사형에 처했다.

고쿠몬(獄門, 효수형)

고쿠몬은 원래 참수된 죄인의 머리를 감옥 문에 걸어놓는 것이었는데, 에도시대에 들어와서는 감옥이 아니라 처형장 옥문에 2, 3명의 사형수의 머리를 함께 걸어놓는 형태로 바뀌었다.

감옥 안에서 참수한 후 참수된 머리를 물로 닦아 준비해온 짚 꾸러미에 넣어 두었다가 고쿠몬검사(獄門檢使)*, 도시요리도신(年寄同心)** 두 사람에게 건네준다. 폭이 좁고 긴 휘장과 죄인의 성명, 연령, 죄상을 적은 팻말을 앞세우고 히닌 2명이 죄인의 머리를 대나무 창으로 끼워 둘러매고 검사,

효수

---

* 사체를 검시하는 관리.
** 요리키의 지휘하에 있으며 서무·경찰일을 담당했던 하급관리.

도신과 함께 고즈캇파라(小塚原, 아사쿠사), 스즈가모리(鈴ヶ森, 시나가와) 처형장까지 행렬하고 마지막으로 옥문대(獄門臺)에 걸어놓았다.

머리는 2박 3일 동안 공개되고, 3일째가 되면 죄인의 체포, 처형에 동원된 천민 에타, 히닌의 두목격인 단자에몬(彈左衛門)이 마치부교소에 보고하고 버렸다.

고쿠몬에 해당되는 죄는 다음과 같다.

1. 살인, 강도를 저지른 자.
2. 금전을 받고 아이를 맡기로 하고는 버린 자.
3. 주인의 친지를 살해한 자.
4. 독약을 판매한 자.
5. 저울이나 말, 되 등을 개조한 자.
6. 문서를 위조한 자.
7. 장애인을 살해하고 절도한 자.
8. 내연녀의 남편을 상해한 자.
9. 내연녀 남편의 살인을 교사한 자.
10. 지주를 살해한 자.
11. 주인의 아내와 밀통한 자.
12. 아내의 부모·형제를 살해한 자.
13. 남편에게 폭력을 행사하여 상처를 입힌 자.
14. 여럿이 유부녀를 겁간하고 금품을 갈취한 자.
15. 양모, 양녀 또는 딸과 밀통한 자.
16. 남의 집에 침입하여 집주인에게 부상을 입힌 자.

좌 : 막부 말기의 효수　　　우 : 효수하기 위해 잘려진 머리를 물로 씻는 히닌

　에도시대에는 무가 저택 전문 털이범이 있어 도난당한 집이 셀 수 없이 많았다. 그러나 그들은 체면도 있고 해서 도난당했다는 사실을 비밀에 부친 채 신고하지 않았다. 무가 저택은 밖은 삼엄하지만 막상 안으로 들어가면 경계도 별로 없어 작업하기가 용이했다고 한다.

　네즈미고조 지로키치(鼠小僧次郎吉)는 이즈미초(和泉町) 시바이고야(芝居小屋, 연극 소극장) 검표 안내원을 하고 있는 멧카치조라는 자의 아들로, 일찍이 부모와 인연을 끊고 사카이(堺) 마을 근처에 살고 있었다. 동네 사람들은 그를 도박꾼으로 여겼다. 네 명의 여성을 여기저기에 두고 살았는데, 모두 이혼한 상태여서 지로키치가 붙잡혔을 때도 그들에게는 피해가 가지 않았다. 잡혀 처형될 때까지 17년간 절도를 가업으로 살았는데, 1825년 쓰치야(土屋) 저택에 침입하다가 체포되어 문신형과 함께 중추방(中追放)되었다.

그는 주로 무가 저택을 털었고 50량, 80량과 같이 정해진 금액만 훔쳤다고 한다. 어떤 때는 1량, 2량의 적은 돈을 훔친 적도 있었다.

그는 결국 문신을 지우고 금지구역으로 돌아와 절도를 하다 붙잡혀 1832년(天保 3) 8월, 36세의 나이로 히키마와시 후 고쿠몬에 처해졌다.

기슈(紀州)의 다나베(田辺) 출신 도시유키(快行)는 기슈 집안 무사 집에서 일하던 어머니가 그곳에서 임신을 하여 태어났다. 4살 때 어머니를 따라 에도에 왔다. 무가에 봉공하여 무사가 되라는 어머니의 간곡한 부탁을 항상 들으며 자란 도시유키는, 불교의 일파인 수험도(修驗道)의 행자로 생활하고 있던 조라쿠인(上樂院)과 공모하여 자신을 제8대 장군 도쿠가와 요시무네의 서출이라고 내세웠다. 그리고 얼마 안 있어 아버지 요시무네와 상봉할 예정이라고 속이고 돈을 빌려 직업이 없는 자들을 부하로 고용하기도 했다. 이에 가담한 자들도 점점 많아졌는데, 결국은 신분을 사칭하여 돈을 빌리고 갚지 않을 생각이었다. 조라쿠인은 시나가와에 있었기 때문에 마치부교의 관할이 아니었고, 도시유키의 신분상으로도 이 일은 지샤부교(寺社奉行) 담당이었다. 그러나 도시유키와 조라쿠인의 동향을 눈치챈 군다이(郡代, 에도 직할지 수령) 이나 다다미치(伊奈忠達, ?~1756)가 도시유키를 체포하여 정식 고발했기 때문에 마치부교가 담당하게 되었다. 이 일은 장군가와 관계된 사건이어서 막부 평정소(評定所)의 고등심리로 이루어졌다.

1729년(享保 14) 4월 21일 도시유키는 고쿠몬에 처해지고 조라쿠인은 엔토(遠島) 처분을 받았다.

가자이(火罪, 화형)

에도시대의 화재는 그야말로 혼히 있는 일이라고 할 정도로 자주 발생했다. 명부교로 유명했던 오오카에치젠노카미 다다스케(大岡越前守忠相, 1677~1752)는 역시 보는 눈이 달라 소화(宵火)·소방(消防)에 머리가 아플 정도로 신경을 썼다고 한다. 그가 미나미마치부교(南町奉行)로 부임할 때를 기준으로 과거 56년간(1657~1716) 대형 화재만 20여 건이나 되었다. 『부코연표(武江年表)』에 의하면 1659년(万治 2) 정월 2일부터 3월 24일까지의 82일간 화재가 105회나 발생했다고 하니 밤에 제대로 잠을 잘 수 없을 정도였다. 그만큼 에도의 화재는 심각했다. 때문에 방화는 살인 이상의 중죄로 다스릴 수밖에 없었다.

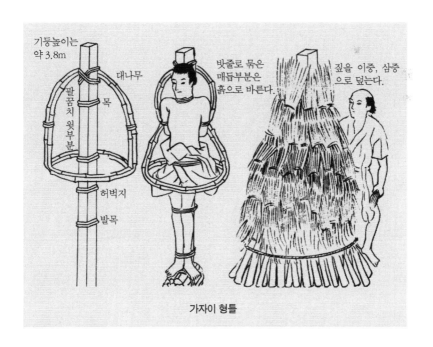

가자이 형틀

가자이는 방화범에게 적용되는 형벌로, 방화를 의뢰한 자도 포함되었다. 대체로 원한이 원인이지만 강도나 절도 시 방화를 하는 경우도 적지 않았다. 도박에 거액의 돈을 잃든가, 바른 소리를 하였으나 들어주지 않을 때 원한을 품고 방화하는 경우가 많았다.

집행은 히키마와시 후 아사쿠사나 시나가와 처형장에서 행해졌는데, 방화한 현장까지 히키마와시를 하는 경우도 있었다.

강도나 절도를 목적으로 한 방화범은 니혼바시(日本橋), 스지카이바시(筋違橋), 아카사카고몬(赤坂御門), 료고쿠(兩國), 요쓰야고몬(四谷御門), 그리고 처형장에 각각 죄인의 신상과 죄목을 적은 표찰을 세웠다. 강도나 절도를 목적으로 하지 않은 단순 방화범의 경우에는 처형장에만 표찰을 세웠다.

가자이에는 반드시 히키마와시가 부가되었다. 히키마와시를 끝내고 처형장에 도착하면, 히닌(非人) 6명이 죄인을 안장 없는 말에서 내리게 하고

화형도

포박한 채 화형대(火罪木)라고 하는 대나무로 만든 틀 안으로 들어가게 했다. 그리고 팔, 허리, 허벅지, 발목을 굵은 밧줄로 두 번 묶고, 불에 타지 않도록 묶은 매듭마다 세심히 흙을 발랐다.

짚과 나무가 준비되면 화형 집행인 단자에몬데다이(彈左衛門手代)가 형 집행 취지를 보고하고, 단자에몬의 호령과 함께 데다이가 짚 두세 다발에 불을 붙여 풍향을 선택하여 잘 타게 했다. 죄인이 죽은 것을 보고, 남은 불을 치우고 나서 죄인의 코와, 남자인 경우에는 성기, 여자는 유방을 다시 태웠다. 사체는 그대로 방치한 채 2박 3일간 공개했다.

- 1609년(慶長 14) 6월, 슨푸(駿府, 현 시즈오카) 혼마루(本丸)의 한 여관(女官)이 별채에다 불을 질렀다가 불이 타오를 때 허겁지겁 껐으나, 결국 하녀 2명은 화형에 처하고, 여관 2명은 엔토에 처했다.

- 1691년(元祿 4) 4월, 데와(出羽, 현 야마가타·아키다) 기타카미산(北上山)촌, 마고베(孫兵衛)의 아내 하쓰는 나카에(中江)촌 로쿠헤(六兵衛)와 밀통하여 남편 마고베를 죽인 후 방화한 사실이 발각되어 로쿠헤와 함께 화형에 처해졌다.

화형이 끝난 후 처리하는 히닌

　에도시대의 방화 사건으로는 야오야(八百屋) 오시치(お七) 사건이 유명하다. 오시치에 대한 자료는 많이 있는데, 그중에서도 『와가코로모(我衣)』가 자주 인용되고 있다.

　오시치는 집에 불이 나서 사찰로 피난 가 있는 동안 한 남자를 만나 사랑에 빠졌다. 얼마 안 있어 새로 집을 신축하여 돌아왔지만 도저히 그 남자를 잊을 수 없었다. 오시치는 문득 불이 나면 그 사람을 다시 만날 수 있을지 모른다는 생각에, 기치조지(吉祥寺)의 문지기였던 기치베(吉兵衛)의 아들 요시사부로(吉三郎)의 부추김에 방화를 저질렀다.

　오시치는 1683년(天和 3) 3월 29일 시나가와 형장에서 화형에 처해졌다.

시자이(死罪, 참수)

시자이는 서민에 대한 참수형이었다. 참수와 더불어 재산 몰수 및 히키마와시가 부가되었다.

부교소에서 형 집행문서가 감옥에 전해지면 도신은 바로 가기야쿠에 전하고, 가기야쿠는 감방문을 열고 수형자의 이름을 호령한다. 자신의 이름을 대고 죄인이 나오면 간수가 양쪽에서 팔을 잡고 도신에게 인계한다.

죄인은 포승줄에 묶이고 가기야쿠에 의해 집행문서에 적혀 있는 신상 내용을 확인한다. 확인 후 히닌 여러 명이 죄인을 포위, 형 집행인, 검시역이 동행하여 처형장 입구에서 죄인의 눈을 가리고 참수하는 곳으로 끌고 간다. 죄인을 멍석 위에 꿇어 앉히고 뒤에서 강제로 머리를 밀어 凹 모양의 구덩이(血溜) 위로 내밀게 한다. 그 후에 집행인은 검을 올려 "아직이

참 수

야!"라고 말하면서 목을 내리쳐 떨어뜨린다. 검시역이 사체를 검시하고 집행을 종료한다.

시자이에 적용되는 죄는 다음과 같다.

1. 가짜 약을 판매한 자.

2. 검의 질이나 무술을 시험하기 위해 길에서 사람을 벤(辻斬) 자.

3. 타인의 집이나 창고에 5회 이상 침입하여 절도를 행한 자.

4. 돈을 넣은 편지를 개봉한 자(금액의 다소를 막론하고).

5. 밀통, 상해, 상해교사 등은 히키마와시 후 시자이에 처했다.

• 에도 니혼바시(日本橋) 목재 도매상 시라코야(白子屋) 쇼자부로(庄三郎) 60세, 아내 쓰네 49세, 딸 구마 23세, 이상 3명 가족을 둘러싼 사건이었다. 쓰네는 머리 손질을 해 주러 드나드는 세이자부로(清三郎)와, 구마는 가게 점장 다다

참수 후 피 묻은 머리를 씻는 광경

하치(忠八)와 밀통(하녀 히사가 도와줌)하고 있었는데, 다다하치와 세이자부로는 구마를 이용하여 시라코야의 재산을 가로채려고 공모하였다.

- 오덴마초 3초메의 지주 야타로(弥太郎)는 종업원 마타시로(又四郎)를 구마와 결혼시켰는데, 후에 구마가 마타시로를 독살하려 했으나 약이 효과가 없어 실패했다. 마타시로를 쫓아내기 위한 수단으로 하녀 기쿠(17세)에게 그와 동반 자살(情死)을 하도록 했으나, 마타시로에게 부상만 입혔을 뿐 작전은 실패했다. 그러자 구마는 마타시로에게 속았다고 소문을 퍼뜨려 그와 이혼할 구실을 만들었다. 마타시로의 옛 주인이었던 야타로는 마타시로의 대리 부모 자격으로 친족회의에 참석했는데, 일이 원만히 해결되지 않자 구마를 고소하기에 이르렀다. 미나미마치부교 오오카 다다스케(大岡忠相, 1677~1751)가 사건을 접수받아 원만히 해결하도록 중재를 하였는데, 야타로와 마타시로가 이에 응하지 않고 재판을 원했기 때문에 1727년(享保 12) 10월부터 사실 조사가 시작되었다. 조사 결과 일가족의 주종·가족 간의 추태가 차례차례 드러나, 마타시로의 아내 구마는 히키마와시 후 시자이, 하녀 히사도 히키마와시 후 시자이, 세이자부로와 다다하치는 히키마와시 후 아사쿠사 형장에서 고쿠몬, 쓰네는 엔토(遠島), 쇼자부로는 가정을 제대로 관리하지 못한 죄로 추방에 처해졌다.

- 1795년(寬政 7), 어느 봉공인이 자신이 모시고 있는 주인의 아내로부터 연서를 받았다. 그도 싫지는 않았지만 일 때문에 그럴 형편이 되지 않아 적당한 기회를 기다리기로 하고 여자에게 편지는 당분간 보내지 말라고 일단 거절했다. 그러나 거절당한 여자가 자살을 하여 남자는 시자이에 처해

졌다.

• 나가사키 이마우오마치(今魚町)의 도자부로(十三郎)는 마을에서도 포기한 불한당이었다. 결국 폭행죄로 시마나가시(유형)에 처해져 미이라쿠(三井樂)촌으로 보내졌다. 7년이 지나 도자부로는 30세가 되었다. 유배생활에도 익숙해져 마을 사람들과 편하게 이야기를 나누기도 하였다. 그러던 중 우연히 농부인 로쿠에몬(六右衛門)의 아내와 각별히 친하게 지내게 되었고, 끈질기게 여자를 설득하여 로쿠에몬의 눈을 피해 밀회를 거듭하게 되었다. 그러나 로쿠에몬의 아내는 들키는 것이 두려웠는지 돌연히 태도를 바꾸어 도자부로를 피했다. 도자부로는 그녀의 진심이 알고 싶어 로쿠에몬이 외출한 틈을 타 밤중에 집으로 침입했다. 로쿠에몬의 아내는 이미 마음이 돌아서 있었다. 도자부로는 단도로 여자를 찔러 죽이고 도망가려는 순간 인기척에 놀라 옆집인 야스자에몬(安左衛門)의 집에 숨어들어갔다. 그곳에는 야스자에몬의 딸이 서 있었는데 정신이 없던 로쿠에몬은 그 딸도 찌르고 도주했다. 겨우 동네를 빠져 나왔으나 다음날 마을 관리에게 붙잡혔다. 도자부로는 나가사키부교의 지시에 의해 1699년(元祿 12) 8월 3일 가이즈(海津)에서 시자이에 처해졌다.

게슈닌(下手人)

서민에 대한 참수형으로 게시닌(解死人)이라고도 했다.

게슈닌은 살인을 하여 시자이에 처해질 사람이 정상 참작으로 참수만 당하는, 사형 중에서 가장 가벼운 형벌이었다.

형 집행 방법은 시자이와 동일하나 시자이는 야간에 참수하지만 게슈닌은 주간에 참수하였고, 사체는 다메시기리(様斬り)로 제공되지 않았으며, 가족에게 인계되어 매장도 가능했다. 그러나 참수형인 관계로 잘려진 수형자의 머리를 몸통에 붙이는 것은 금했다.

이 형벌에 해당되는 죄는 다음과 같다.

1. 여러 명이 살인을 저질렀을 때 피해자에게 가장 먼저 손을 댄 자.
2. 동반 자살(情死)을 기도하다 살아남은 자.
3. 술에 취했거나 감정을 주체 못하여 살인을 한 자.
4. 살인을 교사한 자.
5. 살인 방법을 알려준 자.

게슈닌은 시자이와 동일한 참수형이었다.

- 1754년(宝暦 4), 혼고(本郷) 하루키초(春木町)에 사는 도스케(十助)는 주인으로부터 해고당한 이유가 동료 2명의 모함이라고 추측하여 그들에게 부상을 입혔는데, 그중 한 사람이 사망하여 게슈닌에 처해졌다.

- 원래 하급 무사 출신이었던 나시모토 기치에몬(梨本吉右衛門)은 1758년(宝暦 8) 6월 28일 주인 저택에서 도망 나와 다음날인 29일부터 도카이도(東海道) 기타시나가와(北品川)의 여인숙인 겐지로(源次郎)의 집에 머물렀다. 그는 그곳에서 일하고 있던 사하라는 여자와 동반 자살하기로 하고

먼저 여자를 죽였으나, 자신은 자살에 실패하여 게슈닌에 처해졌다.

무사에 대한 참수형은 잔자이(斬罪, 참수)라 했으며, 게슈닌과 거의 동일했다.

셋푸쿠(切腹, 할복)

셋푸쿠는 무사에게만 주어지는 것으로 가장 무거운 형벌이었다. 무사는 체면을 중시하여 자신의 죄를 인정, 스스로 죄를 다스린다는 의미에서 셋푸쿠(折腹)가 상부로부터 허용되었다. 무사로서의 명예를 지키는 것이었다. 공적으로는 사형에 해당되는 흉악 범죄라도 무사의 자존심을 유지시키기 위해 내밀하게 셋푸쿠로 대신한 경우도 있었다.

셋푸쿠는 『오사다메가키(御定書)』에 기재되어 있지 않기 때문에 엄밀히 말하면 형벌이라 할 수 없다. 그러나 본인이 죄를 인정하지 않을 때나 정

셋푸쿠

치적 사건에서 누군가가 책임을 져야 할 때는 무리하게 집행하는 경우도 있었기 때문에 형벌에 가까운 성격을 가지고 있었다.

셋푸쿠를 한 자의 녹봉에 대한 처분은 죄의 성격에 따라 세 가지로 나뉘었다.

1. 전액 몰수되고 가명(家名) 단절.
2. 자손에게 물려주는 것을 허용.
3. 감봉.

셋푸쿠는 헤이안시대(平安時代)에 시작되어 중세에 이르러 일반화되었다. 에도시대에는 녹봉이 500석 이상인 자는 다이묘 저택에서, 그 이하인 자는 감옥에서, 저녁에 집행되었다. 에도 고덴마초 감옥에서 집행된 셋푸쿠 사례는 1702년(元祿 15)에서 막부 말까지 20건이었다고 한다.

- 1664년(寬文 4) 미즈노 이즈모노카미(水野出雲守)의 장남 미즈노 주로자에몬(水野十郎左衛門, ?~1664)은 방탕한 무리들과 어울려 싸움질만 하고 다니는 등 평판이 좋지 않았다. 그러한 주로자에몬이 어느 날 평소 그와 사이가 좋지 않았던 협객 반즈이인(播隨院) 초베(長兵衛)를 죽이는 사건이 벌어졌다. 이 사건은 초베가 로닌(浪人, 직업이 없는 무사)이었기 때문에 형사상 문제가 없는 것으로 처리되었다. 그러나 그러한 일이 있은 후에도 주로자에몬의 무뢰한 행동은 계속되었고 평판도 아주 좋지 않아 에도막부의 최고 재판소라고 할 수 있는 평정소(評定所)에 소환되었다. 마쓰히

라 아바카미(松平阿波守)가 그를 담당하게 되었는데, 주로자에몬의 기고 만장하고 불손한 태도가 관리들의 분노를 자극하여 셋푸쿠에 처해졌다.

- 1747년(延享 4) 8월, 이타쿠라 슈리(板倉修理)는 사적인 원한으로 이타쿠라(板倉) 사도카미(佐渡守)를 공격하려고 성(城)에서 가다리고 있다가, 사람을 잘못 보고 호소카와(細川) 엣추카미(越中守)를 변소에서 공격하여 중상을 입힌 죄로 셋푸쿠에 처해졌다.

다메시기리(試し切り)

처형당한 자의 사체로 검이 잘 드는지를 시험하는 것으로, 에도시대 이전부터 무사들의 관습이었다. 보통 '다메시(樣)'라 했으며, 기독교 탄압 시기에는 외국인 선교사들 중에서도 다메시기리의 대상이 된 자가 있었다.

에도시대에 다양한 검법이 완성되면서 다메시기리를 전문적으로 하는 자가 등장하였는데, 그중 야마다 집안의 7대손 야마다 아사에몬(山田淺右衛門, 1813~1884)이 유명하다. 이 이름은 원래 세습직명으로, 그 이름

다메시기리

이 대대로 이어졌다.

다메시기리로 평가 받을 검은 하얀 칼집에 넣은 상태로 건네졌다. 검 위에는 '시험용(오타메시고요御樣御用)'이라고 적힌 종이를 붙였다. 다메시기리의 장소는 참수형이 집행되는 처형장 한 쪽으로, 옆에 높이 약 73㎝, 길이 약 76㎝, 폭 약 45㎝ 정도의 흙을 쌓아 올리고 위를 평탄하게 했다. 그 위에 사체를 올려놓고 양팔과 양다리를 대나무 두 개 사이에 끼게 하여 묶어 히닌 둘이서 각각 손과 발을 잡아 움직이지 않도록 했다.

다메시기리가 끝나면 검으로 벤 부위, 베어 들어갈 때 칼날의 느낌과 정도 등을 기록한 판정서를, 검을 관리하는 직책인 고시모노가타(腰物方)에게 제출하였다.

사형에 처해진 자 모두가 다메시기리의 대상이 되는 것은 아니었다. 게슈닌 수형자, 무사, 승려, 여자, 문신이 있는 자, 나병 환자, 에타, 히닌, 창병(瘡病) 환자 등의 수형자는 대상에서 제외되었다.

다메시기리역(役)은 다메시기리뿐만 아니라 참수형의 참수도 담당하게 되었다.

후와케(腑分け)

후와케는 에도시대의 해부를 의미했다. 여자 사형수는 다메시기리 대상에서 제외되었지만, 의사의

후와케

희망에 따라 해부용으로 제공되었다.

1771년(明和 8) 3월 4일, 아오챠바바(靑茶婆)라고 하는 여자에게 아이를 살해한 죄로 고즈캇파라에서 시자이가 집행되었는데, 스기타 겐파쿠(杉田玄白, 1733~1817)와 의사들의 요청으로 그녀의 사체는 후와케로 제공되었다. 늙은 히닌(非人)이 집도를 했고 내장을 열어 보였다.

삼단기리(三段切)

삼단기리

이 형벌은 에도 처형장에서는 집행하지 않았고, 가가번(加賀藩)에서 집행한 처형 방법이었다. 양손을 위로 묶어 매달아 놓고, 집행자가 먼저 몸통을 벴다. 그러나 고도의 숙련자가 아니면 한 번에 절단이 불가능했다. 만에 하나 절단에 실패했을 때 수형자의 고통은 이루 말할 수 없었다. 또한 집행자의 체면도 구겨졌다.

절단되고 남은 상반신의 머리 부분은 무게 때문에 밑으로 내려가는데, 그 순간 목을 절단하여 삼등분한다는 의미에서 삼단기리라고 했다. 이 방법은 검술의 고수가 아니면 불가능했다.

명예형

　죄인의 명예를 훼손시키는 형벌이었다. 당시의 일본인들은 명예를 중시했기에 부교소에 끌려가는 것만으로도 큰 형벌로 인식되었다.

사라시(晒)

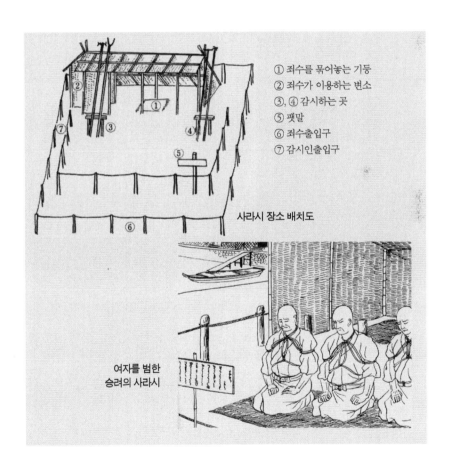

① 죄수를 묶어놓는 기둥
② 죄수가 이용하는 변소
③, ④ 감시하는 곳
⑤ 팻말
⑥ 죄수출입구
⑦ 감시인출입구

사라시 장소 배치도

여자를 범한
승려의 사라시

일반적으로 사라시는 하리쓰케에 처해지는 죄인에게 부가되는 형벌이었다. 이것이 독립적인 형벌로 가해지는 경우는 승려뿐이었다. 사라시는 에도(江戶)의 니혼바시(日本橋)에서 교토(京都)의 산조(三條) 오하시(大橋) 사이에 있는 53개 역(東海道五十三次)의 출발지인 니혼바시 고사쓰조(高札場, 포고문 또는 중죄인의 죄상 등을 기록한 팻말을 세워두는 곳) 정면의 동쪽 빈 터에서 행해졌다. 주위에 기둥을 세워 밧줄로 움막을 만들고, 그 안에 멍석이나 돗자리를 깔아 죄인을 앉혀 뒤에 세운 기둥에다 묶었다. 옆에는 죄상을 적은 팻말을 놓아두어 3일간 공개했다. 그동안 아침식사는 감옥에서, 저녁 식사는 감옥에서 배달시켜 형장에서 먹도록 했다. 아침 8시경 형장으로 데리고 나와 오후 4시경 감옥으로 돌려보냈다.

야쿠기토리아게(役儀取り上げ)

무사나 마을 임원(평민 출신)에게 적용되었으며, 지금의 파면에 해당한다.

시카리(叱り)

서민들에게만 적용된 일종의 훈방이었다. 마을 임원들이 동석한 가

시카리

운데 부교로부터 질책 당하는 것이었다. 에도 사람들은 공적인 장소에서
비난받는 것을 수치로 생각했기 때문에 형벌의 효과가 있었다. 깃토시카
리(急度叱り)는 시카리보다 조금 더 강경한 조치였다.

신체형

다타키(敲)

다타키는 8대 장군 도쿠가와 요시무네 집권 때 시행되었다. 평민들에게
만 해당되는 형벌로 무사, 승려, 신관에게는 시행되지 않았다.
다타키는 감옥 문 앞에서 죄인의 어깨, 등, 볼기를 때리는 형벌이었다.
대중들에게 보여주기 위해 감옥 문을 열어놓고, 돗자리를 여러 장 깐 뒤

다타키

시행했다. 검사(檢使) 이하 관리들이 출석했으며, 미마와리요리키(見廻与力)가 검사(檢使)로 입회했다. 죄인 오른편에는 가기야쿠가, 왼편에는 때리는 담당 도신(同心), 때리는 횟수를 세는 가즈토리(數取), 그리고 죄인이 기절했을 때 진찰 및 치료를 하는 의사가 있었다. 현장에는 죄인의 가장(家長), 마을 대표(町名主, 村名主), 조직 임원이 출석하게 되어 있었다.

죄인의 머리를 도로 쪽으로 향하여 엎드리게 하고 팔, 다리를 꼼짝 못하게 잡고는 호키지리로 때린다. 때리는 횟수는 가볍게는 50회, 무겁게는 100회였다. 집행이 끝나면 죄인은 출신 마을 관리에게 인계되었다. 출신이 불분명해 인계받을 사람이 없는 경우에는 바로 쫓아냈다. 에도 근교의 노숙자 중에서 체포되어 문신형이나 태형에 처해져 닌소쿠요세바(人足寄場)에 수용될 자는 일단 포박한 후 감옥에 넣어졌다.

하인의 근무 태만, 가벼운 절도, 목욕탕에서 고의로 타인의 옷과 바꿔 입은 자, 절도를 돕기는 했지만 분배는 받지 않은 자, 장물을 보관한 자, 문신을 지운 자가 다타키의 대상이었다.

문신형

이레즈미(入墨, 문신형)

주로 소매치기, 절도범에게 부과하는 형벌이었다. 옛날부터 전해 내려왔으나 정식 형벌로 인정된 것은 1745년(寬保 5)에 코나 귀를 베는 형벌 대신 채용되면서부터였다.

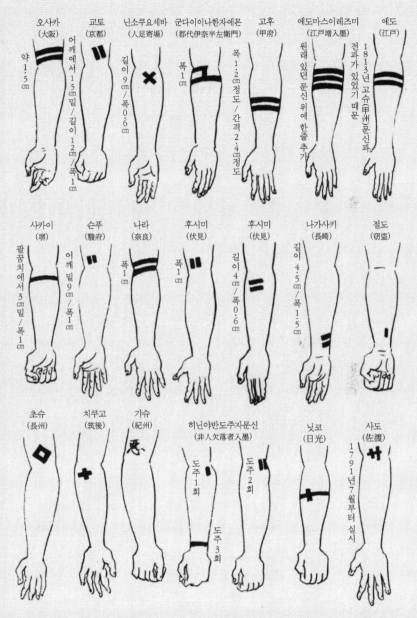

문신의 종류 1

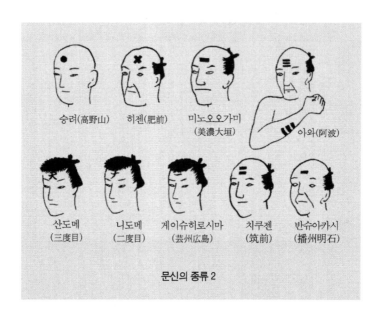

문신의 종류 2

문신은 사람들의 기피 대상이었고, 감옥에서 집행하는 문신 과정에는 상당한 고통이 뒤따랐다. 굵은 바늘로 찔러 먹을 칠하고, 3일간 임시 수용소에서 지내게 한 후 먹이 마른 것을 확인하고 석방했다. 이 형벌은 엔토, 다타키 등에 부가하여 행해졌다.

『형죄대비록(刑罪大秘錄)』에 기록되어 있는 이레즈미의 절차를 보면 다음과 같다.

죄인 담당 관리가 이레즈미를 선고하면 시모오토코가 죄인을 포박한 줄을 잡고 감옥 감시소에 끌고 가 돗자리에 앉힌다. 그 다음 가기야쿠가 옆에 앉아 출옥 증명서와 죄인의 성명, 직업, 나이 등을 확인하고, 히닌이 죄인의 왼팔을 걷어 올려 팔에 문신이 있는지 확인한 후 바늘과 먹으로 시술했다.

이레즈미의 문양은 닛코(日光), 고후(甲府), 히토아시요리바(人足寄場), 교토(京都), 후시미(伏見), 오사카(大坂), 나가사키(長崎) 지방마다 달랐다.

가타이로사(過怠牢舍)

다타키를 대신하여 이뤄진 형벌로 여자와 15세 미만의 남자에게만 적용되었다. 다타키 1회를 1일 구류로 계산하여 집행했다.

로니와다타키(牢庭敲)

감옥에서 탈출을 시도하거나 불량한 행동을 하는 죄수들에게 부과하는 일종의 징벌이었다. 감옥 마당에서 일반 죄수들이 지켜보는 가운데 집행했다.

1717년(享保 2), 엔토형을 언도받은 어병어전부교(御兵御殿奉行) 소속 서기 고이즈미 이하치(小泉伊八) 외 2명은, 수감자의 차입품과 의류를 가로챈 사실이 발각되어 마치부교 네기시 히젠노카미(根岸肥前守) 네기시 야스모리(根岸鎭衛, 1737~1815)에 의해 1명은 100회, 나머지 2명은 50회의 다타키에 처해졌다.

구속형

죄인으로부터 행동의 자유를 박탈하는 형벌로, 대부분 죄인 자신의 집에 감금시켜 놓고 출입을 금지했다.

칩거(蟄居)

구게(公家, 조정에서 일을 하는 귀족), 무사 신분의 죄인에게 주어지는 형벌로, 출사·외출을 금하고 죄인 자신이 기거하는 방에서 근신시켰다. 주로 정치사범에 관계되는 형벌로 원칙적으로 무기한이었으며, 정권 교체에 의해 형 집행이 풀렸다. 본인 이외의 사람은 출입이 허용되었다.

문인 화가로 유명한 와타나베 가잔(渡辺崋山, 1793~1841)과 난학자(蘭學者) 다카노 초에(高野長英, 1804~1850)는 막부의 쇄국 정책에 반대한다는 이유로 체포되어 칩거형에 처해졌다. 당시에는 외국에 대한 연구나 막부 정책 비판은 금기시 되어 고발의 대상이었다.

하급 관리인 하나이 도라이치(花井虎一)는, 메쓰케(目付, 감찰직) 도리이 요조(鳥居耀藏, 1796~1873)와 함께, 역산가(曆算家)이며 쇼모쓰부교(書物奉行, 지금의 도서관장)인 시부카와 로쿠조(澁川六藏, 1815~1851)의 명을 받고, 와타나베 가잔 일행이 무인도(小笠原島) 도항을 계획하고 있다고 부교소에 신고했다. 가잔은 마치부교 오오쿠사 야스후사(大草安房)에게 소환되어 일단 오덴마초 감옥 아가리야에 수감되었다. 마치부교는 가택을 조사하고 장서 외에 궤짝 한 개를 압수하였다. 조사 결과 1839년(天保 10) 12월 19일 와타나베 가잔에게 칩거를 선고했다.

가잔과 뜻을 같이 했던 난학자(蘭學者) 고세키 산에이(小關三英, 1787~1839)는 자살, 다카노 초에는 수감 중 도망, 그 외에 수감 중 병사한 자도 있었다. 가잔도 주군(主君)에게 누가 되는 것이 두려워 1841년(天保 12) 10월 12일, 자신의 목을 찔러 자살했다.

헤이몬(閉門)

구게(公家), 무사, 승려에게만 해당되는 형벌이었다. 이른바 죄인이 있는 방을 폐쇄하는 것으로, 대나무를 방문에 교차시켜 세우고 봉인하였으며 창문도 폐쇄했다. 물론 사람들의 출입도 금했다. 그러나 죄인이 목숨이 위태로운 중병에 걸린 경우나 화재로 위험할 때는 출입이 허용되었다. 또 집이 위험할 경우에는 거처를 옮길 수 있었다. 헤이몬 기간은 50일, 100일로 정해져 있었다.

헤이몬

힛소쿠(逼塞)

무사나 승려에 해당되는 형벌로 야간에는 출입이 자유로웠다. 기간은 50일이었다. 또 서민에게도 힛소쿠와 동일한 형벌이 있었는데, 이는 도지마리(戸締)라 했다.

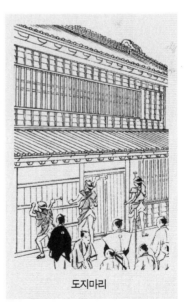

도지마리

오시코메(押込)

경범죄에 해당하며, 신분에 관계없이 부과되었다. 외출금지였으며 죄의 경중에 따라 20일, 30일, 50일, 100일로 나뉘었다.

실수로 불을 질렀을 경우에도 화재의 정도가 경미하면 오시코메형에 처해졌다.

인쿄(隱居)

구게와 무사에게 적용된 형벌로 관직에서 퇴출시키고 호주 자격을 박탈했다(가족이나 친족에게 물려줌).

오아즈케(御預け)

죄인을 다이묘, 친척, 초(町, 도시 급 마을), 촌, 사찰 등지에 맡기는 형벌이었다.

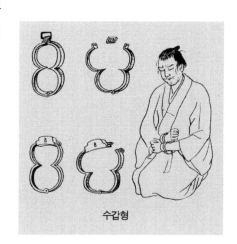

수갑형

수갑형(手鎖)

수갑형은 서민들에게 부과되는 형벌로 무사 계급의 가택연금에 해당되었다. 이것 또한 독립된 형벌로 취조 중 도주를 예방하기 위한 수갑과는 구별되었다. 수갑형에는 3종류가 있어 30일, 50일, 100일이 있었다. 대부분은 과태료와 함께 집행했다.

물오리 10마리 밀매 건에서 거짓 증언을 한 농부 지로자에몬(次郎左衛門)은 1772년(明和 9) 벌금과 함께 30일 수갑형에 처해졌다.

그 외에 구속의 성격을 띤 형벌로는 쓰쓰시미(愼み, 근신)와 엔료(遠慮)가 있었다. 둘 다 야간에만 출입을 허용하는 구속형으로 쓰쓰시미는 서민, 엔료는 무사와 승려에게 적용되는 징벌이었다.

히닌테카(非人手下), 과태료

히닌테카는 신분을 히닌(천민)으로 이동시키는 형벌로, 일종의 노예형이라고 할 수 있다. 여자의 경우는 얏코(노비의 속어)라 하여, 이것 역시 노예형에 속하는 형벌이었다. 몰래 매춘을 한 여자에게는 3년간 신요시와라 유곽에 보내져 유녀의 시중을 드는 벌이 내려졌다.

1790년(寬政 2) 이이쿠라초(飯倉町) 4초메(丁目) 사코점(佐古店)에 사는 초조(長藏)의 아내 미네에게 내려진 처벌로, 내용은 다음과 같다.

미네는 1784년(天明 4) 초조와 결혼하여 슬하에 딸을 두었다. 1788년경, 남편의 허락을 받고 가게에 오는 신분 있는 남자 고객을 상대로 매춘을 했는데, 1790년 7월 2일, 일정한 직업이 없는 무사 우시오 효지로(牛尾俵次郎)

와 눈이 맞아 같은 달 13일 가출했다. 미네는 가나가와(神奈川)의 한 여인숙에서 붙잡혀 처벌되었다. 남편 초조의 허락이 있기는 했으나 비밀리에 매춘업을 한 것은 유부녀로서 용서할 수 없는 행위로 판단되어 3년간 신요시와라 유곽에 보내는 판결이 내려졌다.

과태료는 과료(過料)라 불렸으며, 현재의 벌금과 같은 것으로 경과료(輕過料), 중과료(重過料), 응분과료(応分過料), 고마과료(小間過料), 촌과료(村過料)가 있었다. 경과료는 벌금 3간몬(貫文) 내지 5간몬으로 가장 많이 징수했다. 응분과료는 무거운 편으로 경제력에 따라 재산의 3분의 1 또는 4분의 1의 과료를 징수했다. 고마과료(小間過料)는 마을 전체에 부과한 과료를 마을 사람들이 다시 가옥의 크기에 비례하여 분담하는 벌금으로, 지불 능력이 없는 자는 수갑형으로 대신했다.

추방형

에도시대의 추방형은 죄의 경중에 따라 기본적으로 엔토(遠島)를 포함하여 중추방(重追放), 중추방(中追放), 경추방(輕追放)이 있었으며, 점차적으로 추방되는 범위가 넓어졌다. 추방형은 에도막부의 형법상 가장 중요한 부분을 차지했다. 에도 초

하나키리 (코를 베는 형벌)

기에는 아직 전국시대의 풍습이 남아 있었기 때문에 코를 베거나(鼻切) 손가락을 절단하고 추방하는 처분을 내렸다. 이 형벌은 1709년(宝永 6)에 폐지되고 1720년(享保 5)에는 귀나 코를 베는 형벌 대신 이레즈미(문신형)로 바뀌었다.

오사다메가키(御定書) 103조에 형벌의 형식, 추방형의 종류가 열거되어 있는데, 이는 1717년(享保 2)에 개정되었다. 그 후 1793년(寬政 5), 방화·절도 담당관 하세가와 헤이조(長谷川平藏, 1745~1795)는 추방처분자 추방지의 범위에 대하여 청원서를 제출하여 다음해 2월 추방처분자에게 내려진 공문서 형식은 청원서의 내용과 같이 변경되었다.

엔토(遠島)

추방형 중에서 가장 무거운 형벌이었다. 사형 바로 밑의 종신형으로, 멀리 떨어진 섬으로 추방했다. 사면이 없는 한 돌아올 수 없었다. 대부분의 죄수는 유배지에서 생을 마감했다.

에도에서는 주로 이즈(伊豆)의 7개 섬이 유배지였는데, 가이(甲斐, 야마나시현), 시나노(信濃, 나가노현), 무쓰(陸奧, 아오모리), 데와(出羽, 야마가타, 아키타), 에조(蝦夷, 홋카이도)로 유배되기도 했다. 교토, 오사카, 시코쿠(四國), 추고쿠(中國) 지방에서 유배될 경우에는 오키(隱岐, 시마네현), 이키(壹岐, 나가사키현의 한 섬), 히고(肥後, 구마모토현), 사쓰마(薩摩, 가고시마현) 및 5도 열도(福江, 奈留, 若松, 中通, 久賀)로 보내졌다.

엔토에 해당되는 죄는 다음과 같았다.

1. 화물선의 물건을 빼돌린 자.
2. 아이를 폭행하여 상처 입힌 자.
3. 여자를 범한 승려.
4. 살인을 도운 자.
5. 사기도박을 한 자.
6. 주인을 죽이려고 한 자.
7. 활이나 철포로 살인을 한 자.
8. 장난삼아 방화한 자.
9. 막부 정책에 반대한 무사.

섬으로 보내지는 죄수

엔토형의 사례로, 막부 정책과 사원통제에 반발한 다꾸앙소호(澤庵宗彭, 1573~1645) 화상의 사건을 들을 수 있다.

에도막부는 1615년(元和 원년), 『금중병공가서법도(禁中並公家緒法度)』를 발표하였는데, 그 내용 속에 30년 수행과 선(禪)에 있어서 1,700가지의 공안(公案) 해설을 통과해야만 정식 승려로 인정하고 시에(紫衣, 고승의 법의) 착용을 허락한다는 조항이 있었다. 그러나 선종의 진정한 수행은 개인의 능력과 노력에 따르는 것이었기에 그러한 조건은 효력이 없었다.

• 1626년(寬永 3) 상경한 곤치인(金地院) 승려 이신스덴(以心崇伝, 1569~1633)이 시에를 입은 승려들이 많은 것에 주목하여 조사해 보니, 다이토쿠지(大德寺)와 묘신지(妙心寺)만 해도 시에를 착용한 승려 중 자격이 없는 이가 무려 90명이 넘었다. 스덴은 막부에 강경 처분을 내릴 것을 주장하여, 무자격 승려들은 시말서를 제출, 시에 착용이 금지되었고 주지가 될 수 없다는 처분을 받았다.

   이에 불만을 품은 다쿠앙, 교쿠시쓰 소하쿠(玉室宗珀, 1572~1726) 등은 항의서를 여러 번 막부에 제출하여 그 처분의 부당함을 지적했다. 막부는 행위가 집요하고 막부를 모욕했다는 죄로 그들을 엔토형에 처했다.

• 1715년(正德 5), 야시치(弥七)라는 불량배가 노상에서 살해당하는 사건이 발생했다. 주머니에서 중국 물건이 나온 것으로 보아 중국 선박에서 물건을 빼돌리다가 일어난 사건이라고 판단되었다. 용의자로 다이코쿠초(大黒町) 야헤이지(弥平次)가 붙잡혀 왔다. 야헤이지는 우라가미마고메(浦上馬込)의 쇼토쿠지(聖德寺) 주지 치준(知順)이 범인을 알고 있다고만 할 뿐

아무리 고문을 해도 자백하지 않았다.

결국 암자 안을 조사해 보니 피 묻은 법의와 피해자가 소지하고 있던 것과 동일한 중국 물건이 나왔다. 이러한 정황으로 보아 필시 치준의 짓임에 틀림없다고 확신하여 치준을 붙잡아 입을 열게 하려 했으나 그도 묵묵부답이었다.

부교소에서는 중국 선박에서 물건을 빼돌리기로 작당을 한 치준 일당이 밀매에 성공하여 물건을 가지고 돌아가는 도중, 그 사실을 안 야시치가 협박을 하자 격분하여 야헤이지에게 죽이게 하고 치준도 사체 처리를 거들어 물건을 암자로 가져온 것이 아닐까 하고 추측했다. 그러나 두 용의자는 아무리 다그쳐도 시원하게 자백을 하지 않았다. 자백을 하지 않은 채 두 사람은 사쓰마(薩摩)로 보내지는 엔토 처분을 받았다.

중추방(重追放) – 추방지

- 무사시(武藏), 사가미(相模, 가나가와현), 고즈케(上野, 군마현), 시모쓰케(下野, 도치기현), 아와(安房, 치바현 남부), 조소(上總, 이바라기현), 시모우사(下總, 치바현 북부), 야마시로(山城, 교토부 남부), 셋쓰(攝津, 오사카 일부, 효고현 일부), 이즈미(和泉, 오사카), 야마토(大和, 나라), 히젠(肥前, 사가현 일부, 나가사키현 일부), 도카이도 해안부(東海道筋), 기소(木曾, 나가노현), 가이(甲斐, 야마나시현), 스루가(駿河, 시즈오카현)
- 상기의 장소에서 돌아다니지 말 것.
- 연호(年号) 월일(전답·가옥, 가재 몰수)

위의 지명은 에도에서 추방할 경우이고, 교토에서 추방할 때는 이 외에 가와치(河內, 오사카부 동부), 오우미(近江, 사가현), 단바(丹波, 교토부)가 추가 되었다.

중추방(中追放)―추방지

- 무사시(武藏), 야마시로(山城), 셋쓰(攝津), 이즈미(和泉), 야마토(大和), 히젠(肥前), 도카이도스지(東海道筋), 기소로(木曾路筋), 시모쓰케(下野), 닛코(日光), 가이(甲斐), 스루가(駿河)에서 추방. 출입금지.
- 상기의 장소에서 돌아다니지 말 것.
- 무사는 범죄지와 거주지에서 추방, 서민은 거주지에서 추방.
- 부가형은 문신과 다타키. 전답과 가옥 몰수, 개인 재산은 면제.

서양 포술로 유명한 다카시마 슈한(高島秋帆, 1798~1866)은 1842년(天保 13) 10월 로주의 명령으로 나가사키부교의 조사를 받게 되었다. 서양 포술로 인한 모반 혐의였다. 그러나 무고함이 밝혀져 조사는 헛수고로 끝났다. 나가마치부교 도리이 요조(鳥居耀藏)는 자신이 조사해 보겠다고 우겨 다음 해 3월 슈한을 에도로 소환했지만 증거가 전혀 없었다. 그러나 슈한이 외국인과 교제한 일, 마을 자치단체의 돈을 사적으로 사용한 혐의 등을 들어 석방하지 않았다. 에가와 히데타쓰(江川英龍, 1801~1855), 가와지 도시아키라(川路聖謨, 1801~1868) 등이 석방 운동을 했으나 허사였다. 그 해 윤9월 나가사키에서 시자이 판결문이 작성되어 로주의 결재를 기다리고 있는 상황이었다. 그러나 로주 도이 도시쓰라(土井利位, 1789~1848)가 조사를 해 봐도 혐의를 증명할 만한 증거가 없었다.

다른 한 사람의 로주 미즈노 다다쿠니(水野忠邦, 1794~1851)는 병을 핑계로 바깥출입을 전혀 하지 않고 자택에만 머물며 퇴직을 기다리고 있는 상황이었다. 결국 도이 도시쓰라는 판결문에 결재하지 않았으며, 슈한은 덴마초의 아가리야에 수감되었다. 1844년 9월, 도리이 요조도 실각하여 마치부교 자리에서 물러났다. 그래서 다음해 슈한의 재조사가 행해졌고, 1년 반의 조사 끝에 중추방 결론이 났다.

경추방(輕追放)

- 경추방은 에도 10리 4방, 교토, 오사카, 도카이도스지(東海道筋), 닛코도추(日光道中)에서 추방. 출입금지. 상기의 장소에서 돌아다니지 말 것.
- 무사는 범죄지와 거주지에서 추방, 서민은 거주지에서 추방.

에도바라이(江戶拂), 도코로바라이(所拂)

에도바라이(江戶拂)는 에도의 시나가와(品川), 이타바시(板橋), 센주(千住), 혼조(本所), 후카가와(深川), 요쓰야(四ツ谷)의 각 성 밖으로 추방하는 가벼운 형벌로, 에도 부내의 거주를 금지시키는 것이었다.

1802년(享和 2), 호소가와엣추가미(細川越中守)의 하급 무사 아라이 긴파치(荒井金八)는 물품 횡령죄로 에도바라이에 처해졌다.

도코로바라이(所拂)는 죄인의 거주지에서 추방하는 형벌로, 다른 마을로 옮기면 되었다. 예를 들어 니혼바시 1초메(一丁目)에서 도코로바라이 처분

을 받으면 2초메(二丁目)로 이사하거나, 길 건너 인접 마을로 옮겨도 상관 없었다. 그러나 이것은 형벌로서 별 의미가 없었기 때문에 나누시(名主, 마을 행정을 담당하는 평민)가 주의를 받기도 했다. 여자의 경우에는 오시코메(押込め)라는 외출 금지형으로 대신했다.

엔토에 처해진 자는 기록에 현재 살고 있는 지방명이 추가되었고, 현주소를 이탈하여 죄를 지은 자는 또 범행지가 추가 작성되어 관계 부처로 넘어갔다. 이러한 조치는 쫓아내는 곳에서는 이롭겠지만, 이향지에서는 그리 환영할 수 없었다. 때문에 일종의 악순환이 계속 되었다.

관문 무단출입은 하리쓰케, 몰래 통행한 자는 중추방(重追放), 위정자에 반발한 농민의 강소(强訴)와 도당을 조직한 경우의 중심인물은 시자이(死罪), 명주(名主, 농민 출신 마을 행정관리)는 중추방(重追放), 기물을 파손한 난폭한 자도 중추방(重追放)에 처했다. 관문을 통과할 때 감시초소에 몰래 여자를 데리고 출입한 자, 사기, 공갈협박을 한 자는 중추방(中追放)에 처했다. 경추방(輕追放)은 전답을 이중으로 저당 잡힌 자, 혼처가 정해진 아녀자와 밀통한 자, 멋대로 검을 휴대한 서민(농민, 상인, 장인), 절도범의 부탁으로 장물을 운반하고 배분받은 자들이 해당되었다.

신분형

관리, 무사, 승려, 부녀자, 장애자 등에게 정형(正刑)을 대신하여 내려지는 형벌로 정형에 비해 비교적 관대했다. 종류로는 가이에키(改易), 쓰이인(追院), 다이인(退院), 잇슈카마에(一宗構), 잇파카마에(一派構), 데이하쓰(剃

髮), 얏코(奴), 히닌테카(非人手下)가 있었다.

가이에키는 무가의 가독 상속권이 있는 적자에게 적용한 것으로, 대대로 이어지는 가명(家名)을 끊었다. 호주가 엔토 이상의 중죄를 지었을 때 해당되었다.

쓰이인은 승려에게 적용했고, 승적 박탈과 사라시를 부가형으로 집행했다.

다이인은 승적 박탈, 잇슈카마에는 소속 종(宗)에서 추방, 잇파카마에는 소속 파(派)에서 추방하는 형벌이었다.

데이하쓰는 부녀자에게 내리는 징벌로, 동반 자살을 시도하다 미수에 그친 여자의 머리를 깎는 것이었다.

얏코 또한 여자에 대한 형벌로, 중죄자의 아내, 관문 무단출입, 동반 자살 시도, 매춘 등을 한 여자는 호적을 없애고 감옥과 노비 중에서 선택하여 정해졌다. 특히 요시와라 유곽 외에서 매춘을 하여 붙잡힌 여자들은 요시와라에 3년간 얏코로 봉공하도록 했다.

히닌테카는 서민에게만 적용했으며, 히닌가시라(非人頭)가 접수받아 부하로 편입, 신분이 히닌으로 낮아졌다. 남매끼리의 밀통, 조카나 삼촌과의 밀통, 동반 자살에 실패한 경우, 주인과 하녀가 밀통하고 동반 자살을 시도하다 주인이 살아남은 경우, 호적이 없는 15세 미만의 아이가 가벼운 절도를 했을 경우에 히닌 처분을 내렸다. 범죄에 의한 히닌은 평민으로 신분을 회복할 수 있었다. 히닌테카에 대한 설명은 뒤에 상세히 하도록 하겠다.

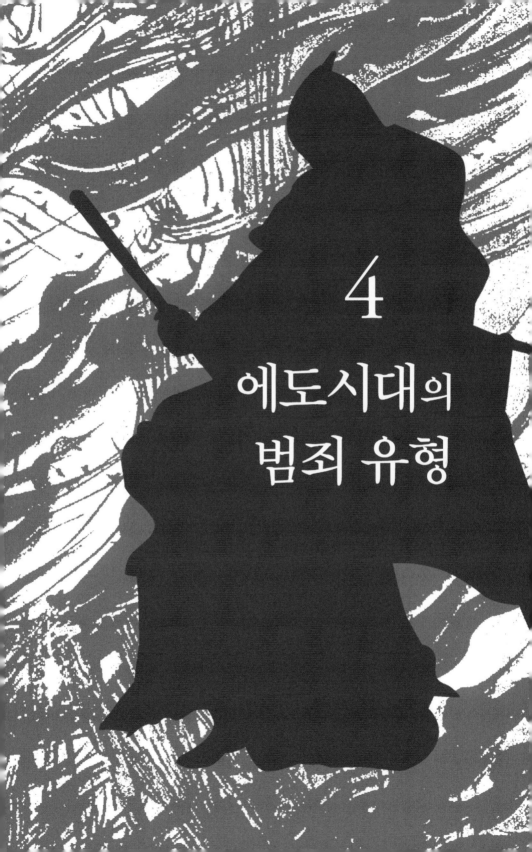

4

에도시대의
범죄 유형

에도시대의 범죄 유형*

살 인

서민들이 살인을 하면 참수형에 처했으며, 살인을 도운 자는 엔토(遠島) 처분을 받았다.

서민들이 무사에게 무례하게 대했을 때 무사가 살인을 한 경우 무사의 체면을 훼손할 정도의 무례였음이 증명되면 무죄였다. 그러나 무사가 단순한 감정으로 서민을 베었다면 역시 똑같이 살인죄를 적용했다.

그러나 이미 살해된 자로부터 진술을 확보할 수는 없었기 때문에 진상은 거의 가해자인 무사의 양심에 의해 결론이 났다. 무사들은 자신들의 지위를 확보하기 위해 조직적으로나 개인적으로 단결하고 있었기 때문에, 상대가 서민일 경우에는 심하게 추궁하지 않아 무사의 살인은 대개 무죄였다.

단, 무사가 자기 도검의 성능이나 무술을 시험하기 위해 행인을 베는 쓰

---

* 이상 4장 『江戸の警察·司法事典』笹間良彦 桐書房 1980, 115項~124項 부분 인용.

지기리(辻斬り)를 한 경우에는 히키마와시 후 시자이(死罪)에 처했다.

부모, 삼촌 관계, 형제·자매를 죽인 자는 히키마와시 후 고쿠몬(獄門), 주인이나 스승을 죽인 자는 2일간 사라시(晒) 1일간 히키마와시(引廻し) 후 노코기리비키(鋸引き), 전 주인을 죽인 자는 사라시 후 하리쓰케(磔) 등에 처했다.

살인미수범도 중죄로 다스렸다. 주인 살인미수범은 히키마와시 후 시자이였다.

그러나 병든 동생의 간곡한 부탁으로 편하게 해주기 위해 동생을 죽인 형이 정상참작에 의해 엔토 처분을 받은 예도 있었다. 또한 상대로부터 공격을 받아 방어를 하다 실수로 살해했을 경우에는 엔토 처분을 받았다. 만약 피해자 유가족이 형의 감량을 호소하는 청원서를 낼 경우에는 중처방으로 감형되었다. 단, 방어 시의 상황을 판단하여 무죄가 될 수도 있었다. 여자가 정조를 지키기 위해 방어하다가 살인을 했을 경우는 당연히 무죄였다.

마차나 말을 타고 가다 실수로 사람을 죽이거나, 쌓아놓은 목재가 무너져 사람을 죽게 했을 때는 상황에 따라 엔토나 시자이에 처했다. 배가 전복하여 익사자가 발생했을 경우 선장은 엔토에 처해졌으나, 고의인 경우에는 살인죄가 적용되었다.

폭행·상해

무사가 성 안에서 소동을 피우거나 폭행을 하면 중처방에서 시자이까지 처해졌다.

1757년(宝曆 7) 시나노(信濃, 나가노현) 남부 지방장관의 사신 사토 사지(佐藤佐次)와 오자키 토미에몬(尾崎富右衛門)은 헌상품을 가지고 로주를 뵙기를 청했으나, 상대방은 응접의 격을 낮춰 로주에게 안내하지 않고 진상품 전달을 관리하는 고소샤반(御奏者番)에 두고 가라며 냉랭하게 대했다. 지난해에는 그냥 넘어갔지만 이번에도 같은 대접을 받자 화가 나기도 하고 주인의 격을 낮게 보는 것 같아 분노한 나머지 큰 소리를 지르며 소란을 피웠다. 로주는 그들에게 셋푸쿠를 잠정적으로 명했으나 근위부 판관 마쓰타이라 우콘(松平右近)의 기지로 헤이몬(閉門)으로 수습되었다.

서민이 시가지에서 소동을 피운 경우에는 다타키 후 중추방에 처해졌고, 공공기물이나 교량을 훼손한 자는 중추방에 처해졌다. 싸움이나 언쟁으로 상대방을 다치게 하면 중추방, 장애인을 다치게 하면 엔토, 그 외에 상처 정도는 불문하고 치료비 조로 은 1장(枚)을 지불하도록 했다.

부모나 그 이상의 친족, 스승을 다치게 하면 시자이에 처해졌다. 주인을 상해하면 사라시 또는 히키마와시 후 하리쓰케에 처해졌다. 이는 유교에서 강조하는 충효사상을 엄격히 지키려는 막부 정책에 의한 것이었다. 이 경우 수형자의 죄상을 기록한 깃발을 집행 후 주인에게 주고, 매년 형 집행일에 가게 앞에다 세워두도록 했다. 헤어진 아내를 상해할 경우에는 문신 후 중추방(重追放)에 처했다.

무사가 평민을 상해했을 경우에 대개는 적당히 넘어갔지만 가해자가 하급 무사일 경우에는 피해자에게 치료비를 지불하게 하고 불문에 부쳤다. 그러나 일방적이고 악질적인 폭행에다 피해자가 중상일 경우에는 에도바라이(江戶拂)에 처했다.

사기·공갈·횡령

　사기는 절도에 준하는데, 금액이 10량 이상이면 시자이, 이하는 다타키 (敲), 문신에 처해졌고, 절취한 돈이 막부의 공금이었을 경우에는 금액에 관계없이 시자이였다. 관청 사칭, 타인의 명의 사칭 및 도용, 주직의 가신 으로 사칭한 경우에는 무조건 시자이였다.

　사기에 해당되는 죄와 형벌은 다음과 같았다.

1. 문서 및 인감 위조, 히키마와시 후 고쿠몬.
2. 통화(通貨) 위조, 히키마와시 후 하리쓰케.
3. 저울 개조, 히키마와시 후 고쿠몬.
4. 가짜 문신용 먹 제조, 가재 몰수 및 도코로바라이.
5. 가짜 약 판매, 히키마와시 후 시자이.
6. 가문을 상징하는 문양의 무단 사용, 시자이.
7. 관직 및 신분의 사칭, 시자이.
8. 이중계약, 추방형.
9. 이중매매(토지, 가옥 등), 10량 이상은 시자이.

　공갈은 금액의 많고 적음, 금품의 갈취 여부를 불문하고 고쿠몬에 처했 다. 그러나 시가지에서의 공갈·폭행은 마을 불량배들이 대부분이어서 신 고하는 사람이 적었고, 신고를 해서 지금의 경찰에 해당하는 도신이 조사 해도 흐지부지하게 끝나기 때문에 큰 공갈 사건이 아닌 한 고쿠몬에 처하지는 않았다.

그 밖에 분실물, 유실물, 매장품은 신고하여 소유자가 나타나면 절반을 주었고, 반년이 지나도 소유자가 나타나지 않으면 습득한 자가 가져도 무방했다. 신고하지 않고 착복한 경우에는 벌금이 부과되었다.

절도·강도

절도는 빈집털이를 의미했으며, 사람에게 위해를 주지 않고 훔치는 행위로 정의했다. 이런 의미에서 강도와는 형의 차이가 있었는데, 지금과 별 차이는 없다.

에도시대에는 낮 동안에 절도를 하면 금액이 10량 이상이어도 시자이에 처해지지 않았다. 그러나 밤에 강도질을 하거나 강탈, 노상강도는 10량 이상이면 시자이였다. 빈집털이를 하는 도중에 마침 집주인이 돌아왔을 때 주인을 협박했다면 강도로 취급했다.

주인의 돈을 훔친 자는 주종 관계를 중시하여 10량 이상이면 시자이에 처했다. 때문에 피해를 본 주인은 10량 이상 피해를 봤더라도 피해 금액을 9량이나 9량 8분, 즉 피해 금액이 10량이 안 되는 것으로 신고했다. 시자이를 면하게 하려는 배려 차원에서였다. 가즈사(上總, 치바현) 지방에 도적이 횡행하여 수많은 양민이 피해를 보자 그것을 계기로 1656년(明曆 2) 12월 도적을 단속하는 조항을 발표했다.

그 내용은 다음과 같다.

1. 고닌구미(五人組)는 매년 정할 것.

2. 경작이나 장사를 하지 않는 자, 먼 다른 지방으로 여행가는 자, 도박을 즐기고 좋은 옷을 입고 있는 자가 있으면 바로 신고할 것.

3. 다른 지방에서 외박할 사람은 사전에 행선지와 여행 목적 등을 나누시(名主)·고닌구미에게 알릴 것.

4. 후한이 두려워 도적 신고를 꺼려하는 경향이 있으니, 앞으로는 비밀리에 서면으로 신고할 것(비밀을 지킬 것이며, 절대로 복수하지 못하도록 할 것임. 또 신고자에게는 포상을 지급함).

5. 일정한 직업이 없는 자와 동거하게 될 경우에는 그 사람의 친척·지인의 보증을 받을 것.

6. 할일도 없이 가끔 외출하는 자를 머물게 하지 말 것.

7. 마을 곳곳에 초소를 설치해 야간 경비를 할 것.

8. 도둑 발견 시에는 즉시 소리를 지를 것. 마을 사람들은 도둑을 즉시 체포할 것(마을에서 붙잡은 범인을 에도로 호송할 때의 비용은 막부에서 부담했다. 부담을 하지 않으면 경비 문제로 범인을 풀어줬기 때문이다).

9. 승려, 노숙자, 수행승, 거지, 히닌 등은 주의할 것.

또 1662년(寬文 2) 9월에는 아래와 같은 조항을 추가했다.

10. 산속에 숨어있는 수상한 자를 발견하면 마을 나누시 이하 모두가 붙잡아 마을 수령에게 인계할 것. 마을 사람만으로 붙잡을 수 없을 때는 마을 관청에 알려 붙잡을 것.

11. 철포를 무단소지한 자가 있으면 신고할 것.

12. 믿을 만한 사람의 소개가 아니면 말(馬) 거래는 하지 말 것.

위 조항은 매년 5월 15일 나누시·고닌구미에게 공식적으로 전달했으며, 만약 이를 어겼을 때에는 지주나 대관(代官)의 과실로 인정했다.

1720년(享保 5)에 일어난 강도 사건을 소개하겠다.

1720년 7월 24일, 아타고(愛宕) 아래 길가에 버려진 된장 통 속에서 죽은 사체가 발견되었다. 타살당한 사체였다. 조사 결과 그 전말은 다음과 같았다.

시바(芝, 도쿄 미나토구)·신반바(新馬場, 도이반쿄 시나가와) 주점 고바야시야(小林屋) 마타에몬(又右衛門)의 처남으로 기치베(吉兵衛)라는 자가 있었다.

기치베가 미타(三田, 도쿄 미나토구) 1초메(丁目)에 있는 이세(伊勢) 비단가게에서 근무했을 때 동료로 지낸 세이시치(清七)는 독립하여 니시노쿠보(西ノ久保)에서 잔돈을 바꿔주는 환전소를 하고 있었다.

7월 1일 기치베가 방문했을 때 세이시치는 술에 취해 기분이 아주 좋은 상태였다.

"어때 돈 좀 벌었어?"

"실은 나베시마(鍋島) 님 댁 일꾼들이 와서 구보초(久保町) 술집에서 잘 얻어먹었지."

"그거 잘됐네."

"근데, 무슨 일이야?"

"아니야 또 올게."

그 다음날 이번에는 세이시치가 신반바 앞 고바야시 주점에 기치베를 찾아왔다.

"할 얘기가 있는데."

"무슨 얘기?"

"실은, 오늘 나베시마 님 집에서 은을 환전하기로 되어 있어. 환전 수수료도 꽤 괜찮은 편이야. 같이 안 갈래?"

"좋지."

같이 가기로 마음먹은 기치베는 세이시치를 먼저 보내고 가게 돈 20량 정도를 가지고 나왔다. 그리고 도중에 가게에서 운영하는 생약가게에 들러 오늘밤까지 돌려준다는 약속을 하고 80량을 빌렸다. 이렇게 기치베는 합계 100량을 가지고 나베시마 저택으로 향했다.

4일 저녁 생약가게 사람이 고바야시(小林) 주점에 와서 기치베의 안부를 물었다. 사람들은 깜짝 놀라 여기저기 흩어져 기치베를 찾았지만 행방을 알 수 없었다.

7월 7일 칠석날, 아타고 아래 번화가에는 냉수 장사가 있었다. 거기에 한 남자가 다가와 냉수를 두 잔 마시고 잔을 돌려주다가 놓쳐 잔이 깨져버렸다.

"한 잔에 1몬밖에 안 하는 냉수 장사인데, 잔이 깨지면 무슨 장사가 되겠소. 잔 값 물어주쇼."

"뭐요? 아니 당신이 잔을 받다가 실수로 깨졌는데 무슨 잔 값!"

언쟁은 결국 싸움으로 번졌다. 구경꾼들이 모여들어 시끌벅적해졌다. 그 구경꾼들 사이로 된장 통을 짊어진 한 남자가 다가왔다. 남자는 짐을 내려놓고는 한창 싸움 중인 두 사람 사이로 끼어들었다. 둘의 말을 들은 남자는 이해가 간다는 듯한 얼굴로 냉수 장사에게 잔 값을 대신 물어주며 싸움을 진정시켰다.

시간이 지나 구경꾼들도, 싸움을 한 당사자도, 싸움을 말린 사람도 모습을 감췄다. 남은 것은 된장 통뿐이었다.

된장 통을 본 동네 사람들이 수상하게 생각하며 통 안을 살펴봤다. 그 순간 된장 통 안에서 시체가 굴러 나왔다.

"아까 싸운 두 놈하고 이 된장 통을 메고 온 놈이 수상해!"

소문은 삽시간에 에도 전역으로 퍼졌다. 소문을 들은 고바야시 주점 주인도 허겁지겁 달려왔다. 얼굴은 죽은 지 꽤 돼 알아볼 수 없게 변해 있었지만, 입은 옷과 뜸을 뜬 자국이 있는 것을 보고 며칠 전 행방불명된 기치베임을 확인할 수 있었다.

직접적인 단서는 지금 당장 알 수 없었지만, 친하게 지내던 환전소 세이시치가 기치베 가게에 온 것이 사건의 발단이었다는 것은 밝혀졌다. 세이시치가 붙잡히고, 곧 선술집 요헤이(与兵衛)도 체포되었다. 두 사람은 기치베를 직접 살해한 것이 아니었기 때문에 시종일관 모른다고 부인했다. 그러나 강도 높은 고문을 하자 고통을 견디다 못한 세이시치가 요헤이를 보고 말했다.

"7월 1일 자네 가게에서 나에게 술을 산 나베시마 님 댁 일꾼들 이름 기억하고 있지?"

"얼굴하고 성은 기억해. 이름은 잘 몰라."

"그것만 알아도 다행이다."

부교소 관리는 바로 나베시마 저택으로 가 탐문을 했다. 그러자 그러한 자는 이곳에 없다는 대답이 돌아왔다. 요헤이가 적당히 둘러댔다고 간주한 부교소는 괘씸한 생각에 강도를 높여 요헤이를 고문했다. 요헤이는 분했다.

"그러면 이마무라(今村)라는 성을 가진 병졸을 전부 불러 모아 주시오. 직접 보면 알 수 있겠지."

그리하여 대면이 이루어졌다. 그 결과 요헤이가 한 병졸을 가리켰다.

그 병졸은 이마무라 리에몬(今村理衛門)으로, 처음에는 횡설수설하며 빠져나가려고 했지만 요헤이가 증거를 대고 추궁하자 결국 자백을 했다.

그리하여 이마무라 리에몬을 두목으로, 곤자에몬(權左衛門)이 기치베를 살해하고 금품을 강탈한 것으로 판명이 났다.

8월 2일, 두 사람은 히키마와시 후 스즈가모리 형장에서 고쿠몬에 처해졌다.

매 춘

에도시대에는 공창(公娼)과 사창(私娼)이 크게 번창했다. 공인받은 유곽들이 한곳에 모이게 된 후로 에도뿐만 아니라 각지의 번화가에도 유곽이 생겨 성황리에 영업을 했다.

유곽에서는 무사, 서민 차별 없이 손님들을 대등하게 대했으며, 돈에 의해 대접의 질이 차이났다. 때문에 유곽은 계급이나 신분으로부터 해방되는 유일한 안식처였다. 새로운 문화 발상지로서의 유곽은 우키요에(浮世繪) 등 색(色)의 예술 완성에 큰 기여를 했다 해도 과언이 아니다.

에도시대의 유녀에는 계급이 있었는데, 교양이 풍부한 상위 유녀는 고급 무사에게 있어 사교의 대상이었기 때문에 재판소에 불려가도 땅바닥이 아니라 마루에 앉아 조사받도록 특별대우를 받았다. 참고로 유곽은 에타가시라(穢多頭, 가축과 처형장 일을 보는 천민 두목) 관리 하에 있었다. 따라서 교양과 기예를 습득한 최상의 유녀라 할지라도 그 본질은 손님을 끄는 수단에 불과했으며 목적은 매춘이었다.

에도시대 초기에는 신 개발지였던 에도성을 중심으로 발전을 거듭하여 건축·토목 등의 개발이 한동안 지속되었다. 따라서 각 지방의 무사, 건축기술자, 목수 등이 돈벌이를 위해 에도로 모여들어 당시 에도의 남녀 성비가 6 : 4를 보일 정도로 남자의 수가 급증했다. 이에 따라 남자의 성욕을 발산시킬 분출구로써 유곽은 막부에서도 묵인해줄 만큼 필요했다. 에도막부는 에도의 융성을 위해 매춘을 단속하려고 하지 않았다. 그러나 여기저기 사창이 난립하여 풍기문란과 성병의 유행이 문제가 되자 1617년(元和 3) 니혼바시(日本橋) 요시와라(葭原, 후에 吉原로 개칭) 습지에만 유곽 영업을 허가하고 공·사창 단속령을 내렸다.

이리하여 공창가가 생기고 사창가를 단속했지만, 사창은 없어지기는커녕 에도의 번영과 더불어 나날이 증가했다. 그래서 막부는 주기적으로 금지령을 내리고 사창을 단속했다.

1637년(寬永 14) 12월에는 요시와라 마을 입구에 있는 목욕탕에서 일하는 유나(湯女)에게 매춘을 시킨 업자 37명을 하리쓰케(磔)에 처했다.

뿐만 아니라 1657년(明曆 3)에는 사창 영업을 한 자가 있으면 나누시(名主, 촌장)·고닌구미(五人組, 마을 임원)에게까지 피해가 가는 형벌을 집행하겠다고 공표했다.

형벌의 내용은 나누시·집안 대표·고닌구미는 수갑, 창기는 요시와라 유곽에 3년간 얏코(奴, 노비)로 보내진다는 것이었다. 단속을 통해 많은 창기들이 검거되었다. 그럼에도 불구하고 창기는 계속 증가하여, 감옥형, 아시카세(足枷), 도코로바라이(所拂), 다타키 100회, 다타키 200회, 엔토까지 형벌이 점점 무거워졌다.

메이레키(明曆) 대화재(1657) 후 요시와라 유곽은 아사쿠사로 이전하여 신요시와라(新吉原)로 개칭했다. 유곽이 다시금 번창해짐에 따라 챠야온나(茶屋女, 요리집 하녀)를 비롯하여 오카바쇼(岡場所)라 불리는 사창가도 성행했다. 오카바쇼는 요시와라에서 즐길 수 없는 가난한 자들이 즐기는 곳이기도 했다. 챠야(茶屋)와 챠야온나는 가끔 적발되어, 창기와 가게 주인은 요시와라 유곽에 편입되기도 했다.

1689년(元祿 2)에서 1800년(寬政 12)까지 단속하여 검거된 사창 수는 전국적으로 85건에 달했다.

1701년(元祿 14)에는 마치부교소(町奉行所)에 불법 매춘 단속 담당 도신 요리키를 임명하여 에도 부내를 순찰하게 했다. 사창가를 발견하는 대로 체포 감금시키고, 가옥 몰수, 포주는 징역, 고닌구미(五人組)는 추방에 처했다. 이 정책은 꽤 효과가 있어 한동안은 사창가가 뜸해지게 되었다. 그러나 그것도 잠시, 3, 4년 후에 사창가는 다시 성행했다.

교호(享保, 1716~1736) 연간에는 강에다 배를 띄우고 매춘을 하는 속칭 후나만주(船饅頭)가 성행했는데, 이도 단속의 대상이었다.

1789년(寬政 원년)부터 1800년까지는 마치부교 지령으로 사창가 단속이 대대적으로 이루어졌는데, 사창가 56곳을 허물고 3,000여 명의 창기를 요시와라 유곽에 얏코로 보냈다. 얏코는 유곽에서 무보수로 혹사당했다. 덕분에 요시와라 유곽에서는 돈벌이가 되었다.

어쨌든 유곽에서 일하는 유녀들은 불특정 다수의 고객 접대와 열악한

환경과 조야한 식사로 인하여 병에 걸리기 쉬웠으며, 그 치료 또한 형식에 불과했다. 덴포(天保, 1830~1844) 연간 공창에서 죽어나간 유녀의 수가 1년에 300명이 넘었던 것을 보면 하루에 한 명 꼴로 죽어나갔던 셈이다.

병들어 죽은 유녀들은 돗자리에 말린 채 절 한구석에 묻혔다. 또 다른 사망 원인은 혹사 또는 체벌 중에 생긴 과실이었다. 그러나 과실로 인해 유녀가 죽었어도 관리들은 추궁을 받지 않았다. 하지만 이렇게 위험한 곳임에도 불구하고 사창가는 근절되지 않았다. 땀을 흘려 버는 것보다 쾌락과 함께 돈을 버는 것이 더 매력적이었기 때문이다.

1861년(文久 원년) 9월 24일, 료고쿠(兩國), 아사쿠사(淺草), 핫초보리(八丁堀) 등지의 사창가로 의심되는 곳을 단속하여 포주는 징역형(入牢), 창기는 정상적으로 살겠다는 약속을 받고 벌금과 수갑 30일, 악질적인 여자는 수갑 50일 후 요시와라로 보냈다.

에도막부 말기에는 형벌도 대체적으로 완화되어 사창이 묵인되기도 했다.

간 통

에도시대에는 유교가 도덕적 규범이었기 때문에 간통은 대죄로 간주했다. 1655년(明曆 원년) 10월에는 간통 현장을 목격한 자가 현장에서 남녀를 죽여도 상관없었다. 고발을 하면 조사한 후 남녀에게 동일한 죄를 적용한다고 포고했다. 형벌은 시자이였다.

부부 이외의 상대와 몰래 간통한다 해서 보통 밀통이라 했으며, 양쪽 다미혼이면 불의(不義)라 했고, 미혼자와 기혼자와의 관계도 간통에 해당되었다.

간통은 보통 여자 쪽이 수동적이라고 판단하여 여자는 시자이, 남자는 고쿠몬에 처했다. 그러나 간통 당시의 주종 관계를 따져 여자가 무거운 형벌을 받는 경우도 있었다.

- 1683년(天和 3) 모헤이(茂兵衛)는 주인의 아내 오산과 밀통하다 적발되어 모헤이는 고쿠몬, 오산은 하리쓰케에 처해졌다.

- 1720년(享保 5) 2월, 대관 도쿠야마 고헤이(德山五兵衛)의 부하 하야시 고우에몬(林鄕右衛門)의 첩 도요는 고우에몬의 부하 쓰치야 한조(土谷伴藏)와 간통하여, 남자는 히닌테카 처분을 받고, 첩 도요는 신요시와라 유곽에 얏코로 보내졌다. 당시의 첩은 처와 동일하게 취급되었다.

이러한 간통 죄가 사형에서 노역형으로 가벼워진 것은 가혹한 형벌이라는 비난의 목소리가 많았기 때문이다.

1725년(享保 10)년에 이르러서는 금화 한 개로 간통 문제를 합의할 수 있게 되었다. 합의라 하더라도 마치부교소에서 법적으로 하는 것이 아니라 친척이나 지인이 개입하여 합의하는 것이었다. 금화 1개라 했지만 보통 서민들은 그러한 큰 돈을 가지고 있지 않아서 금화 1개에 상당하는 돈을 위로금으로 지불했다.

그러나 이는 합의가 성립되었을 때의 경우이고 막부의 규정은 아니었기 때문에 고소를 당한 이들은 전과 마찬가지로 형벌에 처해졌다.

1726년(享保 11) 우에노(上野)의 잡화상 후지타야(藤田屋) 부스케(武助)의 아내와 동거인 로닌(浪人) 야마다 사나이(山田左內)와의 간통 사건은 고소로 이어져 사나이는 히닌테카, 여자는 신요시와라 유곽에 얏코로 보내졌다.

메이레키(明曆) 포령에서는 간통 현장을 목격했을 때 그 자리에서 죽여도 무방한 것으로 되어 있었다. 속된 말로 남녀를 포개놓고 단칼에 베어 네 동강으로 만든다고 했지만 그런 행동은 무사나 가능한 일이었고, 실제로는 무사라 하더라도 그러한 잔인한 칼질은 하지 않았다. 남자는 참수 아니면 추방, 여자는 친정으로 보내는 것이 보통이었다. 당사자들을 죽여도 소문이 나기 때문에 비밀리에 다른 이유를 대고 처리하는 것이 현명한 방법이었다. 서민들은 간통 당사자들을 죽일 용기가 없어 합의금으로 해결했다. 그러나 개중에는 증오심으로 죽이는 경우도 있었다.

주인이 하녀와 정을 통하는 것은 간통으로 간주하지 않았다. 그것은 주종 관계로 해석했기 때문이다. 주위가 시끄러워지면 시집이나 첩으로 보내거나 돈을 주고 해결하는 것이 보통이었다.

반대로 여자는 유부녀·과부를 불문하고 신분이 낮은 남자와 정을 통하면 간통으로 간주했다. 하인이 주인 집 딸과 관계를 가지면 중추방(重追放), 여자는 수갑형이었다. 혼처가 정해진 여자와 관계한 남자는 경추방, 여자는 머리를 깎였다.

일부러 간통을 시키고 합의금 조로 돈을 요구하다 적발되면 간통이 아닌 매춘과 공갈죄로 간주하여 시자이 이상의 사형에 처했다.

남의 첩과 간통한 경우, 평소에는 처첩이 구별되지만 간통에 있어서는 처첩을 구별하지 않고 동일하게 취급했다.

도 박

도박도 매춘과 마찬가지로 아무리 단속해도 중독성이 강하여 음성적으로 성행했으며, 도박을 업으로 삼은 자도 있었다. 그러나 도박으로 재산을 모은 사람은 없었다. 한때는 재미를 본다 하더라도 결국은 가옥이 타인의 손으로 넘어가고 처자와도 떨어져 비참하게 되는 경우가 많았다. 도박으로 생활할 수 있는 자는 도박장을 제공하는 자와 전문 도박꾼이었는데, 거의가 속임수로 상대방의 돈을 가로챘다. 그래서 도박을 주도하는 자들은 잡히면 그 죄가 무거워 대부분 엔토 처분을 받았다.

일확천금의 유혹에 넘어가 도박에 빠진 자도 나쁘지만 교묘한 수법을 사용하여 조직적으로 선량한 사람들을 유혹하고 속이는 자들은 사회의 암적 존재로 중형에 처해야 마땅했으나, 대개 도박꾼들은 부교소의 하급 관리와 친분 관계를 유지하고 있어 철저히 단속하기가 힘들었다. 그리고 현행범이어야 하기 때문에 나중에 도박 사실을 알았다 해도 처벌할 수가 없었다. 또 다이묘(大名, 1만 석 이상의 제후)·하타모토(旗本, 1만 석 이하의 가신) 저택의 잡역부 방에서 도박을 할 경우에는 그 사실을 알고 있더라도 마치 부교는 손을 쓸 수가 없었다.

또 막부에서 공인된 복권은 허가했기 때문에, 현저하게 눈에 띄는 자가 아닌 한 검거하지 않았다. 따라서 도박은 점점 횡행해져, 마을 대표도, 때로는 범법자 검거를 도와야 할 하급 관리도 도박을 하거나 도박장을 보호하는 역할을 하기에 이르렀다.

지방 포졸 중에는 도박꾼이면서 자신이 포졸임을 알려 사람들을 끌어모으는 이도 있었다. 관동8주(關東八州)* 단속반에게는 도박을 단속하고 처벌할 수 있는 권한이 주어졌지만, 그들을 안내하는 포리들이 바로 도박꾼이었다. 이렇게 양다리를 걸친 도박꾼이 라이벌 노름꾼 소탕에 적극 협력하여 자신들의 세력권을 확대할 수 있었다. 결과적으로 관동8주 단속반은 오히려 이러한 도박꾼의 세력 확대를 도와준 꼴이 되어버렸다. 따라서 지방의 도박꾼들은 단속반의 길 안내역이나 포리가 되고 싶어 했다. 이러한 상황이었기 때문에 도박꾼들을 충분히 단속할 수가 없었다. 잡혀도 기껏해야 가재 몰수 아니면 다타키로 끝났고, 세 번 이상 잡혀도 추방 정도였다. 기껏해야 호적이 말소되는 정도로 생활에는 큰 지장이 없었다.

도박꾼 단속에 걸려 추방되어도 다이묘·하시모토 저택 잡역부 방에서 빈둥대고 있으면 에도에 남을 수 있었다. 잡역부 방은 질 나쁜 불량배들의 아지트가 되어 도박장으로 제공되었다.

무가의 도박장 임대는 금지되어 있었고, 무가지(武家地) 내에서의 도박죄는 엔토였다. 또 추방 중인 도박꾼에게 방을 제공하면, 여인숙 주인도 도박을 주도한 자와 마찬가지로 벌금과 수갑형을 받았다. 지주인 경우는 임대 주택을 5년간 몰수했다. 나누시(名主)·고닌구미(五人組)도 연좌제에 적용되었기 때문에 마을에서 도박을 하면 그 피해가 커서 마을에서는 도박을 하지 않았다. 그러나 사찰이나 신사의 제례 때는 불전이나 헌금을 계산한다는 명목으로 모여 도박을 했다.

포령에는 자수 또는 신고를 한 자에게 은 20개의 포상을 하고, 설령 신고자가 도박꾼이라도 죄를 적용시키지 않는다고 했다.

1702년(元禄 15)에는 순찰·호위대장격인 센테가시라(先手頭) 아카이 시

---

* 사가미(相模)·무사시(武蔵)·아와(安房)·가즈사(上総)·시모우사(下総)·히타치(常陸)·고즈케 (上野)·시모쓰케(下野)

치로베 마사유키(赤井七郎兵衛正幸)가 도박 단속을 겸직하여 도박을 엄하게 단속하였는데, 미가키야(磨屋) 간베(勘兵衛)라는 도박꾼 외에 간부 5, 6명을 체포하여 조사한 후, 고즈캇파라 처형장에서 하리쓰케에 처했다. 간베는 히키마와시 도중 도박으로 하리쓰케에 처해진 일은 없다고 외쳤지만, 시치로베의 처결이 도가 지나쳤던 탓인지 결국 자리에서 물러나고 말았다.

무사가 도박을 하면 그 죄가 무거워 셋푸쿠가 아닌 시자이에 처해졌다. 도박은 무사에게 있어서 파렴치한 행위였다.

1702년(元祿 15) 11월 5일, 3,000석 이하의 가신 시마다 산에몬(島田三衛門), 가와니시 마고에몬(河西孫右衛門), 고지마 히코고로(小島彦五郎) 등은 도박 주범으로 참수형, 그 외에 무사 18명은 엔토에 처해졌다.

노숙자 수용소 닌소쿠요세바(人足寄場)

추방형에 처해진 자는 집과 직업을 잃고 호적까지 말소되어 노숙자로 전락하는 경우가 많았다. 또 가난과 거듭된 흉년으로 집을 나와 노숙자가 되기도 했다. 이러한 부랑자들은 에도를 비롯하여 크고 작은 도시 주변에 모여 도박, 절도, 상해 등으로 마을의 치안을 어지럽혔다. 에도막부는 고심 끝에 그 대책의 하나로 1778년(安永 7), 사슈미즈카에(佐州水替)라는 노동자 제도, 닌소쿠요세바(人足寄場) 제도를 마련하였다.

사슈미즈카에·닌소쿠요세바 제도는 무숙자나 형기가 남아있는 죄수를 사슈 지방(니이가타현)의 광산으로 보내 갱 안의 물갈이 작업 등의 일을 시키는 제도였다. 이것은 무숙자들을 양민으로부터 격리시키고, 또 그 노동력을 이용하려는 목적에서 실시되었다.

1790년(寬政 2) 에도막부는 무숙자들의 갱생을 목적으로 에도의 이시카와(石川) 섬에 닌소쿠요세바를 설치했다. 여기에서는 그들에게 기름을 짜는 기술을 가르치고 임금을 지급했으며, 임금은 적립시켜 후에 생업 자금으로 하도록 했다. 또 형기가 남아있는 죄수들 중에서 모범수는 출소시켜 지방에 점포를 내주기도 했다.

그러나 1820년(文政 3) 이후에는 추방형을 받은 자 가운데 재범의 우려가 있는 자도 수용했기 때문에 갱생의 의미가 점차로 없어져 갔다. 즉 닌소쿠요세바는 이른바 자유형 집행 장소로 바뀌었고, 막부 말기에 이르러서는 각지에 이러한 수용소가 설치되었다.

조슈(上州, 군마현) 지방에 도박이 성행하기로 유명했던 것은, 그 지방에 방직업이 성행하면서 현금 유통이 원활하여 도박을 즐기는 자들이 많아지고 무숙자들이 모여들었기 때문이었다.

결국 추방형은 여러 가지 면에서 사회에 부정적 영향을 끼친다는 이유로 폐지하고 대신에 도형(徒刑)을 집행하는 번(藩)이 늘어났다.

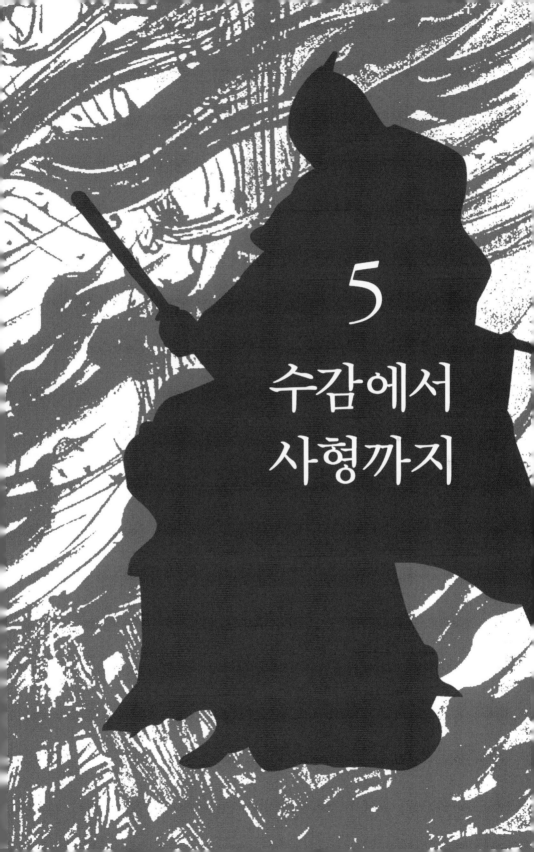

5

수감에서
사형까지

수감에서 사형까지

감옥의 풍경

  에도막부의 감옥으로는 고덴마초(小伝馬町)의 감옥 외에 현 도쿄 스미다
(墨田)구에 있는 혼조(本所) 감옥이 있었고, 교토(京都), 오사카(大坂), 나가사
키(長崎) 등의 부교소(奉行所)나 다이칸소(代官所)에도 감옥이 있었다. 그러
나 내부 사정을 가장 자세히 알 수 있었던 곳은 에도의 고덴마초(小伝馬町)
감옥이었다. 이하 고덴마초 감옥에 대하여 특히 도시 서민(상인, 장인)을
중심으로 설명하겠다.

  고덴마초 감옥은 원래 도키와바시(常盤橋) 바깥쪽에 위치해 있었으나 엔
포(延宝, 1673~1681) 연간에 이곳으로 옮겨졌다고 한다. 일설에는 게이초(慶
長, 1596~1615) 연간에 이전했다고도 전해진다. 총 평수는 약 2,618평, 정면
폭은 52간(間) 남짓, 안쪽까지는 약 50간(間)*으로 삼방을 흙 담으로 쌓았
고, 높이 약 2.36m의 기와를 올린 토담으로 둘러싸여 있었다.

---

* 1間은 6尺(약 1.818m)

게다가 바깥에는 넓은 수로가 있었다. 토담에 대나무나 쇠를 날카롭게 깎아 세운 설비가 바깥쪽이 아닌 안쪽으로 되어 있는 것은 죄수들의 탈출을 막기 위해서였다. 일반 서민들이 수감되는 감옥은 도반소(当番所)라고 부르는 감시초소를 끼고 동쪽 감옥(東牢), 서쪽 감옥(西牢)이 한 건물로 이어져 있었다. 그리고 그곳에는 각각 원적(原籍)이 확인된 서민들을 수용하는 다이로(大牢), 신원이 확실하지 않은 무숙자를 수용하는 니켄로(二間牢), 그리고 목욕탕이 있었다. 당시는 모두 잡거감방이었기 때문에 처음에는 일반 서민과 부랑자들이 함께 수용되었으나, 부랑자 중에 악독한 자가 많아 1755년부터 동쪽 감옥에는 주거가 확실한 유숙자, 서쪽 감옥에는 무숙자가 수용되었다. 1775년 농민을 수용하는 햐쿠쇼로(百姓牢)를 따로 마련한 것도 이 때문이었다.

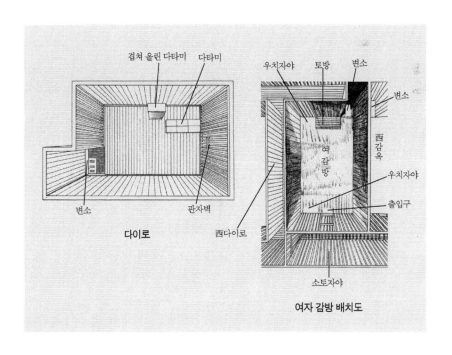

다이로

여자 감방 배치도

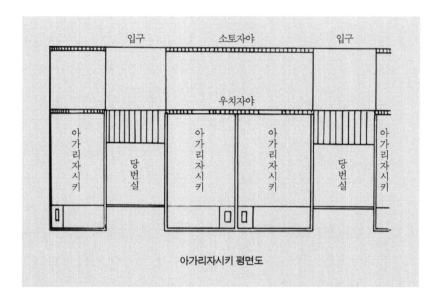

입구   소토자야   입구

우치자야

아가리자시키   당번실   아가리자시키   아가리자시키   당번실   아가리자시키

아가리자시키 평면도

　덴포(天保, 1830~1844) 연간의 기록을 보면 삼부교(三奉行, 寺社·町·勘定)에서도 무숙자는 잡거감방에 수용시켰다. 단, 동일한 사건에 대해서는 도시 상인이나 장인, 농민, 무숙자 구별을 하지 않았다.

　니켄로는 가로 4간, 세로 3간으로 약 40평방미터 넓이의 방이고, 다이로(大牢)는 가로 5간, 세로 3간의 약 50평방미터 넓이의 방이었다. 각 방에는 가로 1간, 세로 반간의 변소가 있었고, 가로 2간, 세로 1간의 토방이 있었다. 감옥이 흙벽으로 폐쇄되어 있어 통풍이 잘 되지 않아 죄수들의 고통이 심해서, 1683년 사방 격자문으로 개조했다. 격자는 이중으로 하였고, 내격자와 외격자 사이(폭 약 90cm)를 소토자야(外鞘)라 불렀고, 방 안을 우치자야(內鞘)라 하였다. 내격자는 적송나무로, 외격자는 삼나무로 제작하였다. 그러한 장소는 두 곳이 있었다.

서쪽 입구의 아가리야(揚屋)에는 중·하급 무사 신분(1만 석 이하)의 죄수와 바이신(陪臣, 다이묘의 신하), 승려, 의사 등이 수용되었다. 서쪽 아가리야(揚屋)는 여자 죄수들을 수용하는 방이었고, 여자는 신분에 관계없이 수감시켰다. 그리고 아가리야에서는 서적, 문방용품 반입이 허용되었다.

동쪽 감옥(東牢)은 엔토베야(遠島部屋)라고 하여 유배형에 처해져 배가 출항할 때까지 대기하는 죄수들을 수용하는 방이었다. 1683년(天和 3) 아가리자시키(揚座敷)가 새로 마련되어 장군과 독대가 가능한 신분의 무사(御目見以上), 신분이 있는 승려, 신관 등에게는 동·서쪽 감옥(牢)에 각각 11.5평방미터 넓이의 장소를 별도로 마련하여 비서격인 사람을 붙여 생활하도록 배려했다. 이것은 당시 신분 제도가 엄격했기 때문에 무사에 대한 특별 배려였다.

그 밖에 감옥 내에는 감옥소장인 이시데다테와키(石出帶刀)의 관사, 사무, 감독직인 도신(同心)의 관사 그리고 처형장 등이 있었다.

고덴마초(小伝馬町) 감옥은 마치부교(町奉行) 관할 하에 있었고, 세습직인 감옥소장격의 슈고쿠(囚獄) 이시데다테와키(石出帶刀)가 감옥의 모든 것을 관리했다. 그 밑의 관직인 도신도 중기에는 40명이었다가 점차로 증가하여 막부 말기에는 58명, 1865년에는 76명으로 늘었다.

도신과 요리키 복장

도신(同心)은 다음과 같이 일을 분담했다.

로야도신(牢屋同心)

이시데타테와키 직속으로 감옥 내 단속, 사무, 감독을 수행했다. 정원은 50명이었다. 상대하는 자들이 죄수이니만큼 태도가 거만하여 감옥에서 나온 사람들은 이들을 꺼려했으나 죄수 가족으로부터의 뇌물은 많았다.

로야미마와리도신(牢屋見廻同心)과 곧잘 혼동되지만, 로야도신은 감옥 소속이고, 로야미마와리도신은 마치부교소(町奉行所) 소속으로 로야도신을 감독하는 직이었다.

로야도신에는 가기야쿠(鍵役) 2명, 가조에야쿠(數役) 1명, 우치야쿠(打役) 4명, 세와야쿠(世話役) 4명 그 외에 가키야쿠(書役), 마카나이야쿠(賄役)가 있었다.

가기야쿠도신(鍵役同心)

이시데타테와키 관할 하의 도신 중 상위 2명이 근무했으며 감옥 내의 열쇠를 보관했다. 열쇠는 에도 초기에는 마치부교소에서 보관했으나 화재 등 위급한 때에 죄수들을 피신시키기 위해 일일이 열쇠를 받으러 갈 수 없었다. 고문을 감옥에서 집행하게 된 후로는 감옥에서 관리하게 되어, 가기야쿠에게 보관하도록 하였다. 고참 도신이었기 때문에 로야도신의 단속도 하였고, 감옥의 감독, 도신의 임용·면직에도 관여했다. 가기야쿠직의 보조가 4명 있었다.

가조에야쿠도신(數役同心)

죄인의 고문이나 다타키 집행 시 그 횟수를 세는 역이었다. 때리는 횟수를 세는 것은 누구나 가능한 일로 생각되지만, 깜빡하여 횟수가 틀리면 자신의 실수를 인정하고 사직 여부를 묻는 서류를 제출해야 했다. 또 수를 세는 목소리가 분명하지 않으면 집행에 지장을 초래하였기 때문에 숙달된 자가 맡았다.

우치야쿠(打役)

다타키나 채찍 고문(笞打)을 집행할 때 죄인을 때리는 자로서, 교대로 2인 1조로 하여 네 명이 근무했다. 이것도 쉬운 일이 아니었다. 아무 곳이나 때리는 것이 아니라 때리는 부위가 정해져 있었기 때문이다. 고통에 몸을 흔드는 죄인의 뼈, 머리, 얼굴, 팔을 때리지 않도록 각별히 주의하면서 어깨와 등 사이를 정확히 때리는 것은 숙련된 자가 아니면 불가능했다. 사정을 봐주는 일은 절대 금물이었다. 그러나 뇌물 등의 이해 관계 때문에 다소 봐주는 경우도 있었다. 여자·노인은 형벌로는 때리지 않고, 고문할 때만 때렸는데 그러한 경우에도 어느 정도 사정을 봐주었다. 그러나 격하게 흐느끼는 소리에 감정이 이입되고, 손이 둔해져서 가볍게 때리면 입회한 마치부교소의 요리키가 의심스러운 눈으로 쳐다보기 때문에 정신적 고통이 따르는 임무였다. 우치야쿠를 어느 정도 하면 가조에야쿠 그리고 가기야쿠 보조까지 승진했다.

고가시라도신(小頭同心)

감옥의 시모오토코(下男) 등을 감독·지휘하는 역으로 두 명이 근무했다. 당번인 자는 감옥 안을 순시하며 죄인들의 인원을 점검했다. 2교대로 아침 5시부터 저녁 5시까지 근무하고 밤 근무자와 교대했다.

세와야쿠도신(世話役同心)

감옥 내의 모든 관리를 맡아 했다. 당번제로 보초를 섰으며 네 명이 근무했다.

가키야쿠도신(書役同心)

감옥 내의 기록 전반을 맡았다. 일종의 서기 역이었다.

마카나이야쿠(賄役)

감옥 내 취사 및 식품 배급을 담당했다.

시모오토코 복장

그 밖에 본 감방을 관리하는 혼로(本牢) 당번, 농민 감방을 관리하는 햐구쇼(百姓) 당번이 있었다.

로야시모오토코(牢屋下男)

로야도신(牢屋同心) 밑에서 잡무를 했으며, 죄인들을 직접 관리하고 형 집행도 도왔다.

천한 직업이라 할 수 있으나 뇌물이나 죄인이 부탁하는 물건을 부분적으로 빼돌려서, 오래 근무하면 꽤 돈이 모였다.

로야이시(牢屋医師)

감옥 주치의로 내과 두 명, 외과 한 명이 근무했다. 내과의는 아침과 저녁에 회진을 했는데, 그 중 한 명은 낮 동안 당직을 섰다. 외과는 격일로 회진을 했다.

의사는 죄인의 병을 진단·치료하고, 고문을 집행할 때는 반드시 입회하여 집행 시 고문을 받는 죄인의 상태를 관찰했으며, 위급 시 중단시켜 정신이 맑아지는 약이나 상처 치료약을 주었다.

마치부교소에는 감옥의 경계, 순찰을 하는 요리키도신(与力同心)이 있어 매달 4회 정도 내무 검열을 했고, 취사장과 식당을 순시하여 죄수들의 식사를 관찰하기도 했다. 또 감찰 역인 메쓰케(目付)도 매달 한 번씩 순회했다고 한다.

감방 안에서는 관습적으로 자치제가 정착되어 있어, 동서의 다이로(大牢) 및 니켄로(二間牢)에서는 죄수들 중에 각각 12명의 로야쿠닌(牢役人)을 선발하여 죄수들의 감옥 생활을 관리 감독하게 했다. 이는 분세이(文政, 1818~1830) 연간에 시행되었다고 한다.

그들이 분담했던 내용은 다음과 같다.

• 로나누시(牢名主) 1명―감방장, 감방 내 책임자.

- 나누시조이야쿠(名主添役) 1명—죄수장 보좌역으로 로나누시 부재 중에는 그의 역할을 대신함. 병자 치료.
- 스미야쿠(角役) 1명—감방 출입문에서 죄수의 출입을 감시.
- 니반야쿠(二番役) 1명—새로 입실한 죄수에게 규칙, 예의 등을 지도 (이상 4명을 도마에야쿠(戸前役)라 불렀고, 또 로나누시를 제외한 3명을 가미(上座)라 했다).
- 산반야쿠(三番役) 1명—약 담당.
- 요반야쿠(四番役) 1명—죄수들의 옷을 보관·관리.
- 고반야쿠(五番役) 1명—식기 검사, 관리 (이상 3명을 나카자(中座)라 불렀다).
- 혼반(本番) 1명—식사 운반 및 배식.
- 혼반스케(本番助) 1명—식기 세척. 부엌 허드렛일.
- 쓰메노반(詰之番) 1명—변소 관리.
- 쓰메노스케반(詰之助番) 1명—변소 관리 보조.
- 고키구치반(五器口番) 1명—식사 당번 (이상 5명을 시모자(下座)라 불렀다).

　죄수장인 로나누시는 다다미 10장을 겹으로 올려 그 위에 앉았다. 그 이하의 관리급 죄수는 한 명 내지 3, 4명이 다다미 1장을 사용했으며, 평죄수는 6명이 한 장을 사용하는 것이 보통이었고, 때에 따라 18명이 다다미 1장을 사용한 적도 있었다고 한다. 로나누시의 선발은 가기야쿠(鍵役)가 마치부교소 소속의 감옥 순찰 관리 요리키에게 추천하면 조사 과정을 거친 후에 허가하도록 되어 있었다. 1788년(天明 8) 8월부터 로나누시는 경범자

로야쿠닌의 좌석배치도

중에서 뽑도록 하였기 때문에 직접 취조한 관리에게 죄의 경중을 확인한 후 임명하도록 했다. 그 후 다시 제도가 바뀌어 1853년(嘉永 6)에는 범죄의 경중에 관계없이 수감 기간이 긴 자, 또는 자주 감옥을 드나들어 감옥의 규칙을 잘 알고 있는 '죄수들을 잘 다루고 관리·감독 가능한 자'를 선발했다. 이는 마치부교소 순찰 담당 요리키(与力)와 감옥 책임자 슈고쿠(囚獄, 이시데다테와키)의 권한이었기 때문에, 마치부교에게 보고할 필요가 없었다.

산반야쿠(三番役) 이하 8명은 로나누시(牢名主)의 추천에 의해 가기야쿠(鍵役)가 임명했다. 그리고 여자 감방에서도 감방 당번으로 6명을 뽑았다.

이처럼 감방 내 죄수들 중에서 관리를 하게 한 것은 죄수들이 공동생활을 하는 데에 있어 질서를 유지시키기 위한 것이었다. 만약 감방 규칙을 어기면 체벌하였다. 그러나 실제로는 필요 이상의 체벌이 행해져 나누시의 말을 잘 듣지 않는 자는 쥐도 새도 모르게 죽이는 경우도 있었다. 또 처음 감방에 들어오는 죄수는 감방 용어로 〈쓰루〉라고 하여, 돈을 지참하지 않으면 괴롭힘을 당하곤 했다.

수감(收監)

체포되어 마치부교소에 끌려온 용의자는 일단 지금의 검찰 유치장의 성격을 띤 임시 감방에 수감되었다. 감방의 넓이는 10평방미터 정도였다. 1851년(嘉永 4)의 미나미마치부교소(南町奉行所) 임시 감방도를 보면 임시 감방, 무사 신분의 용의자를 수감하는 방, 여자 용의자를 수감하는 방으로 나뉘어 있었다.

도신은 용의자를 수감한 후 마치부교에게 수감 확인서를 청구했다. 마치부교의 허가를 받아야 수감이 인정되고 수감 확인서가 발부되었다. 마치부교소 도신은 발부된 수감 확인서를 가지고 용의자를

흉악범의 사다리체포

호송하여 고덴마초 감옥으로 보냈다. 용의자가 조사를 받을 때에는 다시 마치부교소로 보내지고, 조사가 끝나면 또다시 고덴마초로 보내졌다. 호송 중의 경호는 이시데다테와키(石出帶刀) 소속의 도신이 맡았고, 용의자의 팔을 뒤로 묶은 밧줄은 히닌(非人)이 잡고 이동했다. 병자의 경우에는 못코라는 광주리에 태워 히닌이 앞뒤에서 메고 운반했다.

에도시대의 대표적인 감옥 고덴마초 감옥은 반드시 판결이 내려지고 형이 확정된 죄인만이 아닌 미결수도 수감했다. 그러나 그 당시에 체포된 자는 거의 유죄가 확실했다. 용의자 중에 경범인 경우에는 야도아즈케(宿預, 자택 연금) 처분을 내렸기 때문에, 중죄를 지은 자만 감옥에 가는 것이 당시의 상식이었다.

마치부교소에서 용의자를 고덴마초 감옥에 인계할 때, 호송하는 도신은 먼저 감옥소장격인 이시데다테와키 소속의 도신(서기 담당)에게 수감 확인서를 넘겨준다. 가기야쿠와 당번이 입회하여 잡무를 하는 시모오토코에게 명하여 허리를 묶게 하고 주소, 성명, 연령, 직업 등을 물어 수감 확인서와 대조하여 확인한다. 가기야쿠 등은 수감할 감방을 상의하고 당번실로 죄수를 데리고 가 입실시킨다. 그리고 바로 발가벗기고, 옷을 비롯하여 머리에서 발끝까지 검사한다. 그리고 난 뒤 죄수의 주소, 직업, 성명, 연령이 적힌 수감 확인서를 읽어 내려간다.

병든 죄수의 호송

가기야쿠가 수감 확인서를 다 읽으면, 감방에서 로나누시(牢名主)는 "오!"하고 대답하고, 니반야쿠(二番役)를 향하여 "신참!"이라고 말한다. 그러면 니반야쿠는 곧바로 나카자(中座)에게 전달한다. 이때 로나누시는 슬며시 일어나 밑으로 내려와 앉아 고참 죄수 2명(과거 로나누시였던 자나 수감 생활을 오래한 자)과 마주보고 앉는다. 그리고 나카자 2명이 감방 문을 향해 신참 죄수에게 외친다.

문 밖에서는 간수가 신참 죄수의 결박을 풀어 주고 발가벗긴 채로 옷을 팔에 안게 하고는 문을 열고 감방 안으로 밀어 넣는다.

안에서 기다리고 있던 나카자가 앞으로 나와 신참의 상투를 틀어잡고 강제로 엎드리게 하고 신참이 안고 있던 옷을 머리에 씌운다. 나카자 2명은 신참 좌우에 서서 신참의 양팔을 거칠게 잡고는 한쪽 무릎을 신참 등에 밀어 붙인다. 신참이 온 쪽에서 대기하고 있던 나카자는 가기야쿠와 당번

죄수들의 호송

간수가 없는 것을 확인하고 "꽃의 고향 요시와라(吉原, 에도시대 대표적인 유곽)는 그렇다 해도 에이타이지마(永代島)의…"로 시작하는 신고식의 서막을 알리는 노래를 큰 소리로 부른다. 노래가 끝나면 곧바로 쓰메노반(詰之番)에게 인계된다. 쓰메노반은 나카자가 했던 대로 상투를 틀어잡아 강제로 앉히고는 쓰메(詰, 변소)의 가르침을 큰 소리로 들려준다. "어이, 신참! 바깥세상에서는 뭐라더라 화장실이라던가? 바깥세상에서는 가와야(厠), 셋친(雪隱)이라고 하는데, 감방에서는 이름이 바뀌어 쓰메라고 부른다. 쓰메는 혼반, 혼반스케 둘이서 낮에 세 번, 밤에 세 번 소금으로 닦는 곳이다. (중략)" 이것은 단순한 변소의 가르침이 아니라 감방 내의 규칙, 예의 등을 수사적(修辭的)으로 표현하는 것이라고 할 수 있다. 이는 자칫 불결해질 수도 있는 감방을 되도록 청결하게 하려는 의중에서 생긴 것이다. 이 〈쓰메의 가르침〉은 분세이(文政, 1818~1830) 연간에도 유행했다고 한다. 가르침이 끝나면 요반야쿠(四番役)가 신참의 옷을 로나누시 앞에 놓고 샅샅이 조사한 후(돈이 나오면 압수하기 위함) 로나누시의 지시에 따라 옷을 뺏는다. 대신 때 묻은 낡은 옷이 지급된다. 신참은 요반야쿠에게 옷을 받아 입고 로나누시 앞에 가서 엎드려 조아린다. 이때 신참은 자신의 범죄 내용을 자세히 설명한다. 이것을 〈신참의 딸꾹질〉이라 했다. 이러한 의식이 끝나면 신참은 서열을 따라 차례로 고참 죄수에게 절을 한다.

죄수가 처음 수감될 때는 만약을 대비해 얼마간의 돈을 지참하는 것이 보통이었는데, 이것을 〈쓰루〉라고 하였다. 그 돈의 액수가 수감 생활에 적지 않은 영향을 주었다. 10량(兩) 정도가 보통이었는데, 수감되기 전에 신체검사 시 발각되어 몰수당하는 것을 사전에 방지하기 위해 돈을 항문에 넣거나 부피가 작은 금화로 바꿔 종이에 말아 삼키고 입실했다. 입실 후 3

일째 되는 날 돈을 꺼냈는데, 액수는 많을수록 좋았다. 10량 이상일 경우에는 10량은 공유금 명목으로 아나노인쿄(穴隱居, 과거에 나누시〈名主〉였던 고참격 죄수)가 맡아 보관하고, 나머지는 12명의 로야쿠닌이 나누어 가졌다. 10량 이하일 때는 전액을 공유금으로 했다. 어쨌든 정작 본인은 한 푼도 가질 수 없었다. 그러나 10량 이상 지참한 죄수는 오캬쿠(御客), 20량 이상인 자는 와카인쿄(若隱居)라 부르며 대우를 해 주었다. 10량이 안 되는 죄수는 평죄수로 취급받았으며, 액수가 적으면 괴롭힘을 당해 개중에는 사망한 경우도 있었다.

수감 다음날, 신참 죄수는 맞은편 통로 쪽 다다미 끝에 앉혀지고, 요반야쿠(四番役)에 의해 정식 신고식이 행해진 후에 비로소 감방의 일원이 되었다.

에도 말기의 진취적 학자였던 요시다 쇼인(吉田松蔭, 1830~1859)은 『에도옥기(江戸獄記)』에 고덴마초 감옥에서의 경험담을 소개하고 있다. 그는 체포 당시에 돈을 한 푼도 소지하고 있지 않았기 때문에 이른바 〈쓰루〉가 큰 고민거리였다. 로나누시가 재촉하자 그것의 중요성을 인식하고 에도와 고향의 지인에게 돈을 빌려달라는 내용의 편지를 보내 상당한 액수의 돈을 쓰루 명목으로 지불하고 갸쿠분(客分) 대우를 받았다. 그 후 와카인쿄(若隱居), 가리자인쿄(仮座隱居), 니반야쿠(二番役), 소이야쿠(添役)까지 감방 내의 신분이 격상되었다. 인쿄급 이상은 노동이 면제되었고, 소이야쿠는 로나누시의 보좌역이었다. 쇼인은 비교적 편한 감방 생활을 보낸 듯하다.

감방에서는 독서, 편지도 허용되어 쇼인은 초슈번(長州藩) 동지 쓰치야야노스케(土屋矢之助, 1830~1864)를 통하여 가쓰라 고고로(桂小五郎, 1833~

1877)에게도 돈의 변통을 부탁했다. 그렇게 변통한 돈으로, 같이 수감되었으나 신분이 달라 무숙자 감방에 수용된 가네코 시게노스케(金子重之輔)의 〈쓰루〉를 대신 지불했다. 무숙자 감방은 도박, 절도 등이 성행했기 때문에 〈쓰루〉가 없었던 시게노스케는 상상 이상의 고통을 받고 있었다.

감방에서의 징벌

죄수들의 취침
(아래는 어두운 틈을 타 로나누시 눈 밖에 난 죄수들을 징벌하는 모습이다)

감방 생활

　죄수들의 아침 기상 시간은 4시였다. 기상과 함께 로나누시를 비롯한 죄수 일동은 서쪽 격자문 틀 사이로 머리를 내밀고 일제히 소리를 질렀다. 이것을 아침 함성(朝聲)이라 했다. 우울함을 털어내 버리기 위한 일종의 스트레스 해소법이었다.

　그리고 죄수들은 세수와 몸단장을 하고 정해진 자리에 앉았다. 식사는 오전 8시와 오후 5시 두 끼였다. 감시역이 고키구치(五器 : 나무 밥그릇, 젓가락, 밥, 나무 국자, 냄비 등을 보관하는 곳)에서 아침식사 신호를 보내면 식사 당번이 "얏코미(식사)!"하고 외쳤다. 그러면 모두가 "얏코미 얏코미!" 하며 환호했다. 이 모습은 그야말로 아귀와 같았다고 전해진다. 이윽고 잡용직 시모오토코(下男)가 식사를 운반하고 가기야쿠와 당번 간수가 보는 가운데 배식을 하여 음식을 들여보냈다. 대개 식사는 밥과 국이었고, 국에 든 것은 무, 가지 등의 계절 채소였다. 에도 말기에는 로나누시를 비롯한 고참격 죄수에게는 건어물, 일반 죄수에게는 두유를 끓여 만든 유바(湯葉) 등을 배식했다.

　감방에서는 도박도 성행했다. 주사위가 없었기 때문에 적당히 형태를 만들었고, 수를 표시하는 눈금은 동그랗게 패인 곳에 빨간 고약(膏藥)을 채워 칠했다. 돈이나 먹을 것을 걸었던 듯한데 개중에는 도박에서 이틀 분의 식사를 잃은 자도 있었다고 한다.

　목욕은 5, 6, 7, 8월―한 달에 6회로, 3, 4, 9, 10월―한 달에 4회로, 1, 2, 11, 12월―한 달에 3회 하는 것으로 되어 있었다. 두발은 동네 이발사(髮結)가 와서 무료로 손질해 주었다.

간세이(寬政, 1789~1801) 연간, 농민 출신 로나누시 기치베(吉兵衛)라는 자가 고양이를 기르고 있다는 소문이 있어, 마치부교가 조사를 하여 다음과 같이 보고하였다.

감방 안에는 쥐가 많아서 옷에 피가 묻어 있으면 갉아 먹고, 널빤지도 먹어 없앨 정도이다. 전부터 고양이가 있었는데 기치베가 일부러 기르는 것이 아니고 오랜 감방 생활을 하다 보니 고양이가 잘 따르고 하여 소문이 그렇게 난 것 같다. 다른 감방에도 한두 마리씩 드나든다. 물론 일부러 기르는 것이 아니라 쥐가 많고, 죄수 가족으로부터 차입되는 음식 찌꺼기도 있고 해서 자연히 밖에서 들어온 것을 그대로 방치해 둔 것이다.

만약 고양이가 없으면 쥐를 퇴치할 수 없어 곤란할 것 같다. 이는 감옥 간수들에게 내밀히 조사한 결과이다.

감옥 안에 쥐가 많았다는 사실은 다른 문서에서도 볼 수 있다. 당시 감옥은 그야말로 불결 그 자체였다 해도 과언이 아니었다.

에도 말기 신하였던 노부타 우타노스케(信太歌之助)는 누명으로 1868년(慶応 4) 7월부터 1869년(明治 2) 2월 25일까지 8개월간 고덴마초 감옥에서 수감 생활을 했다. 그의 수감 생활 체험담이 『사담회속기록(史談會速記錄)』에 수록되어 있다. 그는 출옥 후 직업을 바꿔 감옥 관리로 종사하게 되었는데, 그의 경험담은 메이지 유신(明治維新, 1867)이라는 일대 전환기에 감옥 내의 실태를 잘 설명하고 있다.

다이로(大牢)에는 대개 70명 내지 80명 정도가 수용되었다. 한정된 공간에 많은 사람을 무리하게 수용하다 보니 실내 공기가 탁했다. 내가 9월에 부임하여 11월부터 정월, 2월경이 되며 점점 추워졌다. 불이 없어 죄수들은 서로 껴안고 잠을 잤다. 그러한 상황이 되면 상상도 하지 못할 일이 벌어졌다. 동성애와 자위행위가 성행하게 되어 그 정도가 꽤나 심했다. 행위가 지속하다보면 질병이 발생했고, 장티푸스 같은 병을 앓는 죄수를 토방에다 내던져 두면 얼마 안 가 사망했다. 내가 수감되었을 때는 이곳에 3,800명 정도가 수감되어 있었는데 병자들이 꽤 있었다.

식사 또한 아주 조잡했다. 겉으로는 무사시쌀(武藏米)이라 하는데 실제로는 형편없는 쌀이어서 밥에서 썩은 냄새가 났지만 어쩔 수 없었다. 또 센다이(仙台)산 된장이라고 하면서 실은 간장 찌꺼기에 겨 가루를 섞어 된장국을 만들었다. 그리고 단무지가 평소에 먹는 반찬이었다.

감방에서는 무조건 짜야 맛있었다. 말린 간고등어가 반찬으로 들어오기도 했는데, 그것을 남겨 호주머니에 넣고 심심할 때 조금씩 꺼내먹었다. 그것이 가장 맛있었다. 감방에서 맛있는 간식거리는 완두콩에 소금을 섞은 것으로, 단 것은 오히려 입에서 받지 않았다. 참 이상한 일이었다.

감방은 통풍이 잘 되지 않아 악취가 코를 찔렀고, 불결하기 때문에 이가 득실거렸다. 그러나 나는 정확히 8개월 동안 감옥에 있었기 때문에 감방의 상황이 충분히 이해가 되었다.

감옥의 관리라는 자들은 정말 지독했다. 바깥 물건을 사기 위해 간수에게 부탁하는 경우가 있었는데, 그럴 때 5량의 물건을 주문하면 1량 남짓한 물건이 들어오곤 했다. 나머지는 자기네들끼리 나누어 가지는 것이었다. 집에서 돈을 보내올 때도 마찬가지였다. 50량을 보내오면 절반은 오는 도중에 없어져 버리니 정말 한심한 일이었다.

중죄를 지은 자는 되도록 생명을 연장하려는 마음에 오히려 건강에 신경을 써서 몸이 튼튼했지만, 경범자는 별로 큰 죄도 아닌데 이런 신세가 되었다고 한탄하고 또 가족은 어떻게 지내는지 걱정하며 번잡한 수감 생활을 했기 때문에 오히려 건강이 나빠져 병에 걸려 죽었다…….

과거에는 매일 하루 평균 17명이 죽어 나갔지만 내가 감옥 책임자가 되고 난 지금은 3주 동안 한 명도 죽은 자가 없다. 이러한 것을 보면 내가 노력한 덕분이 아닌가 생각된다. 이것만큼은 여러분에게 말하고 싶었다. (『막말 동란의 기록(幕末動亂の記錄)』八木昇 편)

감옥 징벌

감옥 내의 징벌은 죄수들이 흔히 경험하는 행사였다. 감옥에서는 중죄인이나 싸움을 잘하는 자들은 비교적 편한 생활을 하는 편이었지만, 일반 죄수들은 로나누시를 중심으로 로나이야쿠닌(牢內役人)들 때문에 불안하고 고통스러운 감방 생활을 해야 했다. 또 감방 규칙 위반 시에도 가혹한 체벌이 내려졌다.

『뇌옥비록(牢獄秘錄)』에 의하면 감방 내의 징벌에는 챠오케(茶桶), 시루다메(汁溜), 오치마(落間), 고치소(御馳走), 쓰메부타(詰豚), 기메이타(キメ板) 등이 있었다.

챠오케는 체벌 대상자를 엎드리게 하고 두 사람이 물이 가득 들어있는 나무 물통을 들어 올려 등 위에 떨어뜨리는 방법이었다. 시루다메는 소금

감방의 징벌

기 있는 음식을 못 먹게 하는 것이었고, 오치마는 토방에 종일토록 세워놓거나 추울 때는 큰 나무통에 물을 채워 그 안에 있게 하는 것이었다.

그밖에 대소변을 강제로 먹이는 고치소, 판자 조각으로 등이나 엉덩이를 내리치는 기메이타, 변기 뚜껑으로 양팔을 때리는 쓰메부타, 야채 절임에 사용하는 된장을 몸 전체에 바르고 옷을 입혀 온몸에 종기가 생기게 하는 체벌 등이 있었다.

오치아이 나오코토(落合直言, 1847~1877)의 『옥중죄과(獄中罪科)』에는 그가 옥중에서 경험한 내용이 기록되어 있다. 그는 1863년(文久 3) 19세 때 정치범으로 교토에서 체포되어 수개월간 감옥 생활을 했다. 기록에 의하면 감방 규칙을 어기거나 로나누시에게 반항을 하면 무서운 체벌이 내려졌다.

체벌의 종류에는 대체로 세와리(背割), 우메바치(梅鉢), 후도(不動), 기메이타(또는 기노이타), 텟포(鐵砲) 등이 있었다.

- 세와리—상대의 등을 팔꿈치로 강하게 찍는다. 척추골이 부러지는 경우도 있었다.
- 우메바치—감방 내에 있는 나무 밥그릇을 5등분하여 매화꽃 모양으로 놓고 상대의 옷을 벗겨 그 위에 무릎을 꿇고 앉게 한다. 이시다키와 동일한 고통이었다.
- 후도—부동자세로 손에 물이 가득 들어있는 그릇을 들고 구석에 서 있게 한다. 물을 흘리면 폭행을 가했다.
- 기메이타—막대기나 기메이타로 둔부를 50회 때린다. 기메이타는 감옥 잡용직 시모오토코에게 물건 차입을 부탁할 때 물품 목록이 적힌 종이를 올려놓는 두께 약 1.2㎝, 길이 약 60㎝의 판자였다.
- 텟포—한쪽 팔을 어깨에서 뒤로 하게 하고, 다른 한 팔을 옆구리에서 뒤로 하게 하여 양쪽 엄지가 닿게 한 다음, 그 위에 그릇을 올려놓고 있게 했다. 그릇을 떨어뜨리면 폭행을 가했다.

또 조직이나 단체라면 어디에서든 존재하는 이지메가 감옥에서도 성행했다. 『로고쿠비록(牢獄秘錄)』은 살인까지 마다

기메이타

하지 않은 징벌 현장을 생생하게 기록하고 있다.

　밤이 되자 그자를 끌어내 한 죄수가 목을 졸라 소리치지 못하게 하고, 다른 한 죄수가 기메이타로 때리거나 사타구니를 걸어 차 죽이는 것이었다. 그것이 끝나면 또 다른 이지메 대상자를 끌어내 같은 방법으로 죽였다. 하룻밤 사이에 3, 4명을 죽인 적도 있었다.

　그리고 그들은 위급한 병으로 죽었다고 당번 간수에게 보고하면 그만이었다. 어쨌든 감방 내의 죄수들은 로나누시 눈 밖에 나면 죽음을 각오하고 징벌을 감수해야 했다.

　감방 안에서는 동성애도 행해졌다. 유녀가 수감되어 있는 여자 감방에서는 특히 심했다.

　1841년(天保 12) 11월 에도, 젊은 여자 36명이 풍속을 문란케 한 죄로 체포되어 고덴마초 여자 감방에 수감되었다. 마침 그 방에서는 유곽 오사카야(大坂屋) 가초(花鳥)라 불리는 닳고 닳은 여자가 로나누시를 맡고 있었다. 그녀는 대단한 성욕의 소유자였기 때문에 밤마다 번갈아 가며 젊은 여자와 즐겼다. 이 같은 그녀의 변태 행위는 100일 이상 지속되었다고 전해진다.

사형 집행

　취조가 끝나면 바로 형이 확정되었는데, 사형 언도는 보통 감옥에서 내려지는 것이 관례였다. 검사요리키(檢使与力)는 선고 전날 마치부교 나이자

(內座)에서 명령을 받고 선고문을 건네받는다. 검사요리키는 이것을 비밀리에 가지고 와, 당일 오전 8시에 감옥에 당도하여 대기실로 들어간다. 마치부교소의 고참격인 도시요리도신(年寄同心)이 출옥증서(당일발행)를 감옥소장 이시데타테와키에게 전달한다. 가기야쿠는 출옥증서를 가지고 감방으로 가 죄수를 호출한다. 표면적으로는 이때 처음으로 누가 사형에 처해지는지 알려지지만, 실제로는 전날 밤 마치부교가 이시데타테와기에게 연락을 하고 그의 측근 도신이 로나누시에게 살짝 귀띔을 해주기 때문에 당사자는 목욕을 하고 머리를 다듬는 등 몸을 단정히 하고 마음의 준비를 했던 것 같다.

검사요리키는 선고 장소(감옥 마당) 중앙에 앉는다. 감옥 순찰 관리 로야미마와리요리키(牢屋見廻与力), 이시데타테와키, 경호 관리 오카치메쓰케(御徒目付) 등도 나란히 앉는다. 모두가 정렬하여 앉아 있는 것을 확인하고 가기야쿠, 감방 당번(牢番同心), 잡용직 시모오토코가 사형수를 데리고 온다. 팔이 뒤로 묶인 사형수는 하얀 천으로 만든 각반 등을 착용한 단정한 차림으로 검사요리키 앞에 인도된다. 가기야쿠는 사형수의 성명, 연령, 수감 연월일을 묻고 답하는 식으로

사형 선고 장면

확인하고 검사요리키에게 머리를 숙여 예를 갖춘다. 검사요리키는 천천히 주머니에서 죄과선고서를 꺼내 큰 소리로 직업, 성명을 부르고 사형수가 대답하면 죄과를 읽어 내려간다. 이때 목소리가 감옥 전체에 울려 퍼질 정도로 큰 소리로 선고한다. 선고가 끝나면 사형수는 "감사합니다."라고 답한다. 그리고 바로 사형수와 관리들은 형장으로 향한다.

에도시대 유명했던 고덴마초 감옥은 1875년(明治 8)에 폐쇄되었고, 당시 수감 중이던 죄수들은 이치가야(市ヶ谷)의 새로 지은 감옥에 수용되었다.

6

에도시대에
중죄로
다스렸던
관문 무단출입

에도시대에 중죄로 다스렸던 관문 무단출입(關所破り)

에도막부의 관문(關所)은 표면적으로는 치안 유지를 목적으로 설치하였다. 일일이 통행자를 검문·검색하여 모반의 예방, 도적의 활동 등을 사전에 예방하는 것이 주된 목적이라는 것이었다. 그러나 진정한 목적은 그러한 치안 유지보다는 막부의 위엄과 보전에 있었다. 첫째로 반란에 사용되는 병기 유입을 감시하는 것이고, 둘째로 강제적으로 에도에 거주(參勤交代)하는 제후(大名) 부인들의 탈출 및 밀사 출입을 감시하는 것이었다. 마지막 하나는 세습적 가업을 포기하고 고향을 떠나는, 이른바 신분제도를 문란하게 하는 자의 통행을 막는 것이었다.

이렇게 관문에는 경찰권이 부여되었고 동시에 제후들의 사적 초소 설치 행위는 엄하게 금하였다. 그러나 친번(親藩)*이 아닌 방계 출신 제후 중에서 사적으로 관문을 설치하여 타 지역 사람의 잠입을 막는 일이 있으면 이를 묵인하기도 했다. 친번(親藩) 제후에게는 사적인 관문소 설치를 금하면서도 막부는 1625년(寛永 2)에 국도변 요소요소에 관문 또는 초소를 설치하여 부근의 제후 또는 대관(代官)들에게 관리하게 했다. 관문 수는 시대에

---

* 에도시대 장군가의 근친.

따라 다소 차이는 있었으나 대개 65곳이었고 그중에서도 가장 엄중했던 곳은 하코네(箱根, 가나가와현), 이마키레(今切, 시즈오카현), 후쿠시마(福島)의 세 곳이었다. 이곳들은 친번의 관문인 관계로 친관(親關)이라 불렀으며 특히 여자 통행인을 엄하게 검문했다.

모든 관문소에서 통행자는 갓, 두건을 벗었고, 가마는 발이나 문을 열었다. 여자 가마인 경우에는 여자 관리에게 보였다. 정승급 관리였던 구교(公鄕), 왕자나 왕족이 거주하는 사찰 주지인 몬제키(門跡), 제후 등은 사전에 통지하여 검문·검색 없이 통관했다. 단, 수상한 점이 발견되면 예외적으로 검색을 했다. 난폭한 자, 부상자, 죄수, 잘린 목, 사체의 통관은 총리직 로주가 발행하는 통행 증서를 필요로 했다.

무사들은 자신이 모시는 주인의 성명만으로도 통관할 수 있었고, 일반 서민들은 아무리 엄격한 관문이라도 고닌구미(五人組, 일종의 마을 의회), 나누시(名主) 또는 지주가 발행한 통행증만 제시하면 통관할 수 있었기 때문에 통행증 위조도 생겨났다. 또 여자는 무기류와 같이 특별한 통행증이 필요했다.

관문에서는 통행자 한 사람씩 검문·검색하는 것을 원칙으로 했지만, 검문 방식은 관문에 따라서 다소 달랐다. 예를 들면, 사가미에서는 관내로 들어오는 자, 관내로 들어오거나 나가는 여자, 무기 등을 엄중히 다루었고, 이마키레에서는 관내에 출입하는 여자, 후쿠시마에서는 관내 출입 남녀, 대포, 소총 등을 엄격히 감시했다. 특히 하코네에서는 관내에서 외지로 나가는 여자와 관내로 들어오는 무기를 엄격하게 조사했다. 그 이유는, 에도에 강제로 거주하게 된 제후의 처자들은 막부의 인질과 같은 존재였고, 무기(철포)는 당시의 가장 두려운 병기로 각 번의 무사가 철포를 장군가의 땅

관문을 우회해서 빠져나가는 남녀

에도에 반입하는 것은 막부에 위협을 가하는 것으로 여겨졌기 때문이다. 그러나 병기 반입이 절대 불가능했던 것은 아니다. 철포는 9정, 탄환은 9몬메(匁, 1匁=3.75g), 활, 화살, 창, 장검 등은 각각 19점이 한도로, 소유자 또는 가신의 증명서로 통관할 수 있었다. 또 그 이상의 병기를 반입할 경우에는 로주의 증명서가 필요했다.

야간통관도 금했으나 히캬쿠(飛脚)라는 문서 전달부는 예외였다.

에도시대의 관문(關所)은 대단히 엄격하고 불편했기 때문에, 급한 용무가 있을 때나 통행증이 없을 때 그리고 출산 등 위급 상황일 때, 가끔이기는 하지만 중형을 각오하고 무단통행을 하는 경우도 있었다. 이러한 무단출입에는 산으로 우회해서 가는 것, 몰래 숨어들어 가기, 통행증 위조, 밀어붙이기식 강제 통과 등이 있었다.

산을 넘어 무단출입하는 야마고시(山越)는 관문을 피해 옆길로 가는 방법으로 대도시의 관문에는 용이하지 않았지만 지방 관문에서는 많은 사람들이 이 방법을 시도했던 것 같다. 『오시오키레이루이슈(御仕置例類集, 처벌사례집)』를 보면, 기발하게 관문을 빠져나간 자의 사례도 있다.

• 1794년(寬政 6), 오사카 미나미호리에(南堀江) 3초메(丁目) 도라야(虎屋) 규베(久兵衛) 관리 하에 있는 쓰노쿠니야(津ノ國屋) 리헤(利兵衛)의 동거녀 이토는 같은 동네 모리혼야(森本屋) 쇼베(床兵衛)의 동생 젠파치(善八)와 밀통하는 사이였다. 그러나 이러한 사실이 리헤의 귀에 들어가 그와 헤어지게 되자, 젠파치의 권유로 사랑의 도피를 결행하게 되었다. 오사카를 빠져나와 에도에서 동거할 계획이었다. 그러나 그들은 통행증이 없었기 때문에 관문을 통과할 수가 없었다. 관문에서 여자 통행인은 여자(초소 근무자 모친)가 검문하도록 했는데, 그곳의 경비가 소홀한 편이어서 틈을 보다가 우회하여 무사히 에도에 도착했다. 그곳에서 이토는 바쿠로초(馬喰町) 2초메(丁目) 초에몬(長右衛門) 집의 하녀로 안정된 생활을 하게 되었으나, 젠파치의 무단출입 사실이 탄로나 이토도 체포되어 오사카로 소환되었다. 처음에는 그녀에게 얏코라는 노예형이 내려졌으나, 조사 결과 관문인 줄 알고 일부러 피해서 통과한 쪽은 젠파치로, 이토는 어디가 산이고 어디가 관문인지를 전혀 모른 채 무단 통행했다는 사실이 밝혀져 부교에 상소하여 형벌 중에서 제일 가벼운 훈방(시카리) 처분으로 일단락되었다.

• 신슈(信州, 나가노현) 가미가야촌(上谷村) 농민 히코하치(彦八)의 딸 로쿠는 납치당하여 어딘지도 모르는 여인숙에 4, 5일 잡혀 있다가, 누군지도 모르는 사내에게 강제로 가마에 태워져 여기저기 끌려 다닌 끝에, 사카모토(坂本) 여인숙 메시모리(飯盛, 손님 식사 때 거드는 하녀)로 팔려갔고, 사내는 돌아갔다. 로쿠는 기회를 엿보다 한밤중에 도망쳐 나와 조슈(上州, 군마현) 미즈누마촌(水沼村) 마타헤(又兵衛)의 집에 뛰어 들어가 사정 이야기를 하고 도움을 청하였다. 모든 사실을 안 마타헤가 이를 관청에 신고했

다. 로쿠는 끌려오는 도중에 여자 관문을 우회해서 넘어 왔는데, 물론 관문을 피한 위법인 것도 몰랐고, 또 가마에 발이 쳐져 있었기 때문에 왕래하는 길도 보이지 않은 상태로 끌려 온 사실이 확인되어 무죄, 혐의 없음 판결이 내려졌다.

이처럼 관문을 잘 피해 산을 넘어 성공한 예도 많았지만 각 관문은 물론 주위에 감시, 순찰 또는 밀고자에 의해 잡히는 자도 적지 않았다.

관문 무단출입(關所破り)에 대한 형벌은 오사다메가키(御定書)에 의거하여 처벌하였고, 때에 따라 판례나 정황을 따져본 후 형벌의 경감도 가능했다.

관문 무단출입 형벌

1. 우회하여 산을 넘은 자(山越)는 현장에서 하리쓰케. 단, 남자의 권유에 의해 동행한 여자는 얏코(노비).
2. 무단출입을 안내한 자는 하리쓰케.
3. 숨어서 몰래 출입한 자는 중추방(重追放). 단, 여자는 얏코(노비).
4. 관문 초소(番屋)를 여자를 데리고 빠져 나간 자는 중추방(中追放). 단, 여자는 영주에게 인계.

이상으로 오사다메가키(御定書)에는 산을 넘은 자와 숨어서 몰래 출입한 자에 대한 형벌밖에 없지만, 실제로는 그 외의 관문 위법 행위에도 죄질에 따라 형벌의 경중이 있었다.

폭력을 휘두르며 무리하게 관문을 통과한 경우에는 하리쓰케, 통행중 위조나 관리를 사칭하여 통과한 경우에는 숨어서 몰래 출입한 자보다 무거운 형벌이 내려졌다.

　관문 위법 행위 취조는, 하코네(箱根)의 경우 에도마치부교(江戸町奉行), 그밖의 지역은 역과 국도 치안의 행정을 맡은 도추부교(道中奉行) 관할이었다.

7
승려의
여범(女犯)

승려의 여범(女犯)

뇨본(女犯)이라 하여 승려가 불음계(不淫戒)를 깨고 여자와 밀통하는 것을 말한다. 종교라는 특수성 때문에 승려들의 일탈행위를 가능한 감추려 하는 것은 고금동서를 막론하고 존재했다. 특히 사찰의 출입은 남자보다는 여자들이 많았던 관계로 여신도와 성직자와의 관계가 반복됨에 따라 자연스럽게 규율을 어기게 되는 경우가 있었다.

일본에 있어서 여범은, 자료상에는 이미 중고(中古)시대의 설화집(『日本靈異記』)에도 기록되어 있으며, 그 방법에 있어서도 꽤 다양한 편이었다. 예를 들면, 오두막에서 불경을 필사하고 있던 승려가 마침 소나기를 피해 온 아낙네의, 옷이 젖어 피부가 드러나 보이는 모습을 보고 욕정을 억제하지 못해 파계했다는 이야기가 소개되고 있다. 이것은 여범이 근세뿐만 아니라 그 이전부터 성행하고 있었다는 것을 방증하고 있다고 할 수 있다.

에도막부가 불교의 모든 종파와 사찰에 내린 법도의 종류, 내용, 조목 등을 살펴보면 막부의 불교에 대한 태도는 그리 관대했다고 할 수 없다. 사원 내 여자들의 출입은 참배를 제외하고는 금지하고 있었으며 하물며 가정을 갖지 못하는 것도 당연했다. 또 음력 10월 6일에서 15일까지 10일

간 법요(法要)를 하는 십야회(十夜會), 48야(夜), 천일(千日), 만일(萬日) 등의
철야법회에 남녀가 같이 참가하는 것도 금지하고 있었다.

사찰 근처에는 유곽이 들어서지 못하게 되어 있었는데 이것도 승려의
일탈행위의 가능성을 고려한 조치라 할 수 있다. 또한 남자 승려가 비구니
와 대면할 때도 단독행위는 안 되었고, 반드시 1인 이상의 승려를 동반해
야 했다. 비구니의 사찰 출입도 오후 5시 이후에는 금지되고 있었다.

여범을 행한 승려에 대한 형벌은 주지의 경우 엔토, 수도승은 사라시 후
소속사찰에 인계하여 사찰의 처분에 맡겼으며 밀부(密夫)승려의 경우에는
고쿠몬에 처했다.

여자를 범한 승려에게 극형의 처분을 내린 사례는 에도 초기에는 그리
혼하지 않으나, 1743년(寬保3) 교토 불구점(佛具店)이 모여있는 후구야초(仏
具屋町)에 있는 정토종 다이렌지(大連寺) 승려 료카이(了海)라는 자가 선술집
여자와 정사(情死)를 시도, 여자를 찔러죽이고 도주한 사건이 있었다. 범인
을 하리쓰케에 처하고, 이것을 계기로 이후 극형의 사례가 많아졌다고 한
다. 이하 에도시대의 여범 사례를 소개하겠다.

에도 초기 여범 사례

- 1671년(寬文11) 다테바야시(館林) 출신인 쇼산(正山)이라는 자는 젠코지
  (善光寺)에서 수행하고 있던 비구승 세이운(淸雲)과 밀통한 사실이, 세이
  운의 제자 세이지(淸慈)의 신고로 평정소에 접수되었다. 조사 결과 사실
  로 밝혀져 에도 시가지 히키마와시 후 11월 21일 아사쿠사 형장에서 하리

쓰케에 처해졌다.

· 1671년 교토 데라마치(寺町)의 한 승려는 근처 상가(商家)의 딸과 밀통하고 사카이(堺) 지방에서 의사로 사칭하며 그녀와 동거 생활을 하고 있었다. 10개월 남짓 지나서 같은 동네 사람이 두 사람을 발견하고 딸의 아버지에게 그 사실을 알렸다. 아버지는 즉시 교토 관아(京都所司代)에 신고하여 그들을 연행했다.

　남자의 머리가 자라있었기 때문에 조사관은 그에게 승직을 버리고 환속하였는가 묻자 그는 환속하지 않았으며, 사실은 동거녀의 양부가 딸에게 흑심을 품고 치근덕대는 것을 목격한 그녀의 어머니가 이 사실이 세상에 알려질까 두려워 자신에게 부탁하여 어쩔 수 없이 그녀를 데리고 사카이에 왔다고 진술했다. 딸도 양부가 자신에게 너무 집착하여 이를 피하기 위해 지금의 동거남인 승려에게 자신을 데리고 가달라고 부탁했다고 진술했다. 그러나 관아에서 조사한 결과 두 사람의 밀통 사실이 밝혀져 승려는 고쿠몬에 처해졌다.

· 1720년(享保5) 조시가야(雜司ケ谷) 혼노지(本能寺) 동자승(12세) 쇼스케(庄助)가 그해 6월 갑자기 절에서 행방불명되었다. 절에서는 물론 그의 친아버지 하치스케(八助)도 여기저기 수소문하며 다녔다.

　6월 12일 오쓰카촌(大塚村)의 한 밭에서 개와 새들이 몰려들어 흙을 파고 있는 모습을 우연히 목격한 하치스케는 혹시나 하는 마음에 그곳을 파보니 거기서 목에 밧줄이 감기고 갈비뼈가 부러진 흔적이 있는 가엾은 아들의 시체가 나왔다. 곧바로 아들이 있었던 절에다 그 사실을 알렸다. 주지는 눈물을 흘리며 하치스케에게 위로의 말을 건네기는 하였으나 절로서는 쉬쉬해야할 입장이었다. 주지는 온갖 감언이설로 하치스케를 설득하여 문제를 일으키지 않도록 간곡히 부탁했다. 하치스케로서는 대대로 드나들었던 절 주지의 부탁이고 해서 아내와 친척들과 상의를 한 끝에 증서를 교환하고, 절에서는 죽은 쇼스케의 장례비·보상금으로 금화 5, 6량을 하치스케에게 보냈으나 하치스케는 오히려 아들의 제사를 부탁하면서 돈을 받지 않았다.

그런데 이 사실이 소문이 나기 시작했다. 하치스케는 자신이 모시고 있던 요리키에게 입장이 곤란해졌다는 식으로 푸념을 늘어놓았다. 요리키는 쇼스케를 죽인 범인이 혼노지 승려임에 틀림없다는 소문을 동료들한테서 들었는데, 정식 신고나 고발이 없어 유야무야 되었다고 하치스케에게 귀띔해 주었다.

그해 8월 중순경, 여자 문제로 동자승을 죽인 사건이 흐지부지되었다는 소문이 조시가야에 나돌자 수사에 착수했다. 우선 자식이 살해당했음에도 불구하고 사건을 간단하게 처리한 하치스케를 의심하여 심문한 결과, 그는 자식이 누군가에 의해 살해되어 매장된 것은 사실이지만 혼노지 승려가 죽인 것은 아니고, 다만 혼노지에서는 오토와쵸(音羽町)의 유녀를 두고 있다고 진술했다.

8월 18일 지샤부교 집행으로 혼노지 내의 승려, 일반인 전원이 체포되었다. 그리고 유녀를 두고 있다는 하치스케의 진술은 절 안을 수색한 결과 침실, 침구 등의 물중이 확보되어 사실로 판명되었다. 그러나 쇼스케 죽음에 관해서는 쇼스케의 보증인이나 승려들한테 들을 수가 없었다.

그런데 그 절에 한 동자승이 있어 쓰시마 지방관 관저에 데리고 와 그곳에서 일하게 하고 과자도 주면서 조심스럽게 물어보자 동자승은 의외의 사실을 알려 주었다.

쇼스케가 절에다 여자를 두고 있는 것을 입버릇처럼 주지에게 묻자 쇼스케의 입을 막기 위해 살해하기에 이르렀다는 것이다. 혼노지 승려 니치겐(日彦)이 두고 있던 여자는 성년이 안 된 사내 모습으로 변장하여 생활하고 있었으며, 승려들이 체포되기 전 인근 절에 맡겨 둔 사실도 밝혀졌다.

유녀를 둔 주지 및 제자승 등은 엔토, 그 외의 승려와 사찰에서 일했던 일반인은 추방, 사찰 폐문(閉門) 처분을 받았으며, 쇼스케 살인사건에 대해서는 어떤 이유에서인지 적용시키지 않았다.

에도 초기 승려의 여범에 대한 판결 내용은 앞에서 언급한 사례를 제외하고 일반 서민에 비해 대체로 관대한 편이었으나 에도 중기에 이르러서는 극형의 경향을 띠게 되었다. 1738년(元文3) 이후에는 여범에 대한 형벌은 서민들의 주인·부모·스승 등을 살해한 경우와 거의 동일하게 취급되었다.

에도 중기 여범 사례

• 1721년(享保 6), 초엔(長延)이라는 승려는 창기와 즐기고 게다가 유녀와 동반 자살(情死)을 시도하다 실패하여 3일간 사라시 후 소속 사찰의 처분에 맡겨졌다.

• 1729년(享保 14) 무사시 구리하라촌(栗原村)의 세이간(西岸)이라는 수도승이 같은 마을 요시로(与四郎)와 밀통한 사건을 계기로 주지·수행승을 불문하고 고쿠몬에 처했다.

• 『간엔잡비록(寬延雜秘錄)』은 반슈(播州, 효고현) 히메지(姬路) 부근의 혼토쿠지(本德寺) 주지였던 조뇨(靜如)의 행적에 대해 다음과 같이 설명하고 있다.

조뇨는 검술, 궁술, 말 타기를 좋아하고 사람을 죽인 적도 있었다. 게다가 음란하여 젊은 과부, 처녀들의 귀천을 가리지 않고 연모했고, 어떤 때에는 하녀를 자루에 넣어 매달아 흔들어 하녀가 어지러워 어쩔 줄 모르는 모습을 보고 즐거워했다.

또 기온마치(祇園町)의 창기들을 대거 불러들여 옷을 다 벗기고, 정원 연못에 빠뜨려 허우적대며 연못에서 나오려는 것을 다시 빠뜨리는 등 창기들이 괴로워하는 것을 즐겼다. 그들 중 울상을 짓는 자는 끌어내 칼로 찔러 죽이거나 발가벗은 채로 내쫓아, 그 모습을 보고 좋아하며 주안상을 차려놓고 놀았다. 은나라 주왕과 다를 바 없었다.

조뇨는 이러한 추한 행동을 반복하다 결국 1743년(寬保 3), 지방장관격인 교토 쇼시다이(所司代)에 의해 처벌을 받게 되었다.

조뇨와 함께 다니던 혼간지(本願寺)의 겐쿄(玄亨), 료쿠(了空), 오카다 쇼자에몬(岡田淸左衛門) 3명과 나머지 7명, 총 10명은 루자이(流罪, 추방형)에 처해졌고, 조뇨는 인쿄(隱居)를 청원하여 인쿄만으로 결론이 났다. 지은 죄에 비해 관대한 조치였다.

• 레이간지(靈岸寺) 영내 에조료(惠淨寮)라는 암자에서 수행을 한 슌가(春雅)는 전부터 행실이 좋지 않았다. 출가한 후부터 질 나쁜 동네 사람들과 자주 어울렸고, 1756년(宝曆 6) 3월에는 신요시와라(新吉原)의 야스우에몬(安右衛門)이 운영하는 유곽에 자주 놀러가다 유녀 오노가와를 사 파계를 범했다. 같은 해 12월 25일 에도의 니혼즈쓰미(日本堤)에서 3일간 사라시 후 법의를 벗기고 추방시켰다.

추방할 때 가사(袈裟)를 압수하고 소속 사찰에 이 사실을 전했기 때문에 죄인은 소속 사찰로 돌아갈 수 없었다. 추방은 에도 출입을 금지하는 에도바라이(江戶拂)의 일종으로, 사방 10리 밖으로 추방한 뒤 가사를 돌려주었다.

• 이나 셋쓰가미(伊奈攝津守) 관할 내의 무사시(武藏) 마을 진언종(眞言宗) 곤고지(金剛寺) 주지 엔조(円淨)는, 후타고즈카(二子塚)촌 호쇼지(宝生寺) 주지로 있을 때 같은 동네 사람이었던 모토요시(元吉)의 아내 도쿠와 밀통하다 도쿠를 목 졸라 죽였다. 그리고 서까래 밑에 파묻고, 소문이 돌자 도피하여 그 사실을 감추고 곤고지 주지로 재직했다.

후에 죄상이 드러나 1788년(天明 8) 히키마와시 후 고쿠몬에 처해졌다.

- 1789년(寬政 원년) 윤 6월, 일런종(日蓮宗) 고후쿠지(高福寺) 승려 뇨젠(如善)은 같은 동네 지베(治兵衛)의 딸 소노와 5, 6년 전부터 밀회를 나누고 있었다. 그는 본사(本寺) 도젠지(東漸寺)의 지시에 따르지 않아 해고되었는데, 소노와의 관계에 미련이 남아 본사 조치에 불복종하다 여범(女犯) 사실까지 알려져 엔토(遠島)에 처해졌다.

  본사의 지시에 불복종한 점도 있지만, 실제로 용서할 수 없었던 것은 아녀자와 밀통한 죄였다.

- 1797년(寬政 9), 엔잔지(延山寺) 승려 료헨(良辺)은 혼조 가이노카미(本庄甲斐守)에 의해 같은 영지(領地)에 있는 사찰의 여승과 밀통하여 엔토 처분을 받았다. 그러나 영지에는 섬이 없어서 종신형으로 대신했고, 료헨과 밀통한 여승은 30일 오시코메(押込, 금고형) 후 친지에게 인계됐다.

- 1791년(寬政 3), 가나스기(金杉, 치바현 후나바시)의 안라쿠지(安樂寺) 주지(법명 미상)는 네기시(根岸)촌에 사는 가신(家臣)의 여동생인 여승을 제자로 삼았다. 그 여승은 전부터 자신의 죽음을 예고하고, 성불을 위해 자신의 죽은 모습을 보여주겠다고 말했다. 주지가 지시를 내려서 겐돈바코(慳貪箱, 뚜껑이 달린 배달 상자)를 만들고 그 안에다 여승을 넣어 7일간 신도들에게 참배하도록 했는데, 참배자들도 많았다고 한다. 그러나 이 여승은 전부터 주지와 밀통하고 있었던 자로, 주지와 짜고 거짓으로 죽었다고 소문을 퍼뜨린 것이었다. 결국 지샤부교(寺社奉行)에 의헤 수사를 하게 되었다. 주지는 소환되어 고문을 받았으며, 이후 무덤도 파 보았지만 여승이 죽었다는 증거가 없어 엔토 처분을 받았다. 여승의 오빠 집안도 가이에키

(改易, 家名 단절)에 처해졌다.

- 1801년(享和 원년), 시타야(下谷)에 사는 게이안(慶安)이라는 사람은 동네 의사였는데, 슬하에 자식이 없어서 료안(良安)을 양자로 삼아 풍족하게 살았다. 그는 의사이면서 법사였는데, 아내가 죽자 첩을 두었지만 마음에 차지 않고, 집안일을 돌봐줄 사람도 없고 해서 요시와라(吉原)에 드나들게 되었다. 그즈음 유곽 야마모토야(山本屋)의 유녀인 시로이토(白糸)와 가까워져 그 몸값을 지불하고 이름을 다미(多美)로 개명시켜 집에 들여앉혔다.

  이 여자는 꽤나 영리하여 게이안의 기분을 바로바로 눈치 채고는 만사 현명하게 대처했다. 게이안은 완전히 다미에게 빠져 나중에는 모든 일을 그녀 말대로 하게 되었다. 그런데 게이안은 이미 60이 넘은 노인이었기 때문에 여자의 욕정을 채워줄 수가 없었다. 다미는 원래 질이 좋지 않은 유녀 출신에다가 음탕한 여자였기 때문에 양자인 료안과 밀통하는 사이가 되어버렸다. 게이안 횡사 사건은 다미와 료안이 서로 짜고 게이안을 살해한 사건이었다. 3월 9일 저녁에 게이안이 살해되었는데, 조사 중에 수상한 점이 많아 둘은 가혹한 고문에 처해졌다. 고문 끝에 자백을 받고, 같은 해 8월 4일 료안은 하리쓰케, 다미는 중추방(重追放)에 처해졌다. 료안 나이 25세, 다미 28세였다.

- 야나카(谷中)의 엔메이인(延命院, 일련종) 주지가 된 니치도(日道)는 출납 담당 승려로 류젠(柳全)을 고용했다. 류젠은 원래 전과자로 밀통, 야반도주, 공갈 등으로 신세를 망쳐 히닌 신세가 된 것을 주지인 니치도가 가엽

게 여겨 그를 범죄에서 손 씻게 하
고 출납 담당 승려로 데려 온 것이
었다. 니치도는 평판도 좋아 많은
신도들을 확보하고 있었다.

승려의 추방

당시 집정자인 장군(將軍)의 부
인을 모시는 여관(女官)의 우두머
리(老女)격인 구메무라(久米村, 大館
九八郎의 딸)와 그녀의 하녀 고로는
전부터 니치도와 아는 사이로 서
로 친하게 지내고 있었다. 그러나
이들의 관계는 그것만으로 끝나지
않았다. 이는 류젠이 그들 사이에 끼어 있었기 때문이었다. 류젠은 사찰
내에 밀회 장소를 마련하고 술과 안주까지 마련했다.

마을의 부녀자를 비롯하여 장군가의 여관(女官)들까지 참배를 핑계 삼
아 모여들게 되었는데, 표면적으로는 본존(本尊)의 칠면대명신(七面大明
神)의 영험이 대단하다는 소문이 에도 각지에 널리 퍼져 있었다. 사원과
신사(神社)를 담당하는 지샤부교(寺社奉行)인 와키사카 야스타다(脇坂安
董, 1756~1841)는 여자 밀정(密偵)을 파견하여 내부 사정을 조사하도록 명
하였다. 그리고 1803년(享和 3) 5월 26일 새벽에 부교가 직접 검거에 나섰
다.

주지 니치도는 시자이, 그 밖의 장군가 여관들 중 3명은 장기간 독방에
오시코메, 장기간 정직 처분이 10명 정도였다. 하녀 고로는 100일 감금,
그 외에 30일 감금형을 받은 여자들도 있었다.

류젠은 나체인 상태로 말린 꽁치를 입에 물고 절 본당을 3회 기어서 돌게 하고 뒷문에서 추방했다.

여자들은 자신의 이름이 호명되지 않기를 부처님께 빌었다고 한다.

분카(文化)·분세이(文政) 연간의 여범 사례

여범과 관련된 몇 개의 사례가 『文化秘筆』에 기록되어 있다.

• 1813년(文化 10) 2월 초, 조슈(常州, 이바라기현)의 미토(水戸) 출신인 목수의 아내가 규나지(旧那寺)의 승려(법명 미상)와 밀통을 하며 지내고 있었다. 그러던 중 어떤 신도의 아내가 죽어서 이 절에서 장례를 치르게 되었다. 그날 밤 승려는 무덤에서 죽은 시체를 파내어 밀통 중인 여자의 집으로 가지고 간 후 그 집에다 불을 내고는 소란스러운 틈을 타서 여자를 절에 데리고 와서 숨겨 두었다. 목수의 집은 완전히 불타 버렸고, 사람들은 무덤에서 파낸 사체를 목수 아내의 사체로 알게 되었다.

그런데 목수가 아내의 7일제(祭) 의식을 하기 위해 아이를 데리고 절에 갔다 왔는데, 아이가 말하기를 절 부엌 쪽에서 울고 있으려니까 엄마가 어디선가 뛰쳐나와 안아 줬다는 것이었다. 목수는 처음에는 아이의 이야기를 믿지 않았다. 그러나 차차 아내가 절에 있는 사실이 세상에 알려졌다. 결말의 내용은 정확히 기록되어 있지 않으나, 엔토 이상의 형벌에 처해졌을 것이다.

• 1816년(文化 13)경, 에도 고이시가와(小石川) 부근의 덴토쿠인(天德院) 주지는 과거에 요시와라(吉原)에 드나들며 유녀를 사서 딴살림을 차리고 있었는데, 덴토쿠인의 주지가 되고 나서는 어떤 연유에서인지 유녀에게 돈을 줘서 내보내고 자신은 덴토쿠인에서 기거했다. 덴토쿠인은 돈이 많은 절이었기 때문에 지샤부교(寺私奉行)인 아베 빗추노카미(安部備中守, 오카야마현 장관), 마쓰타이라 우쿄노스케(松平右京亮, 차관급) 등의 고관들과 교제하며 돈 거래도 하곤 했는데, 덴토쿠인에 돈이 많다는 소문을 듣고 가끔 돈을 뜯으러 오는 자가 있었다. 덴토쿠인에서는 아베 빗추노카미에게 그 사실을 비밀리에 말했고, 만약 신고를 할 경우 단속하겠다는 말을 듣고 안심하고 있었다.

그러나 그 해 2월 말경, 불량배들이 이번에는 주지가 과거에 관계했던 유녀를 데리고 덴토쿠인으로 찾아와 돈을 요구했다. 주지는 평소 잘 알고 있던 도미야스 구하치로(富安九八郎)라는 관리에게 중재를 부탁하여 약간의 돈을 주고 무마하려고 했다. 그러나 불량배들이 말을 듣지 않자 그들을 체포하여 감금시키고, 이 사실을 알고 있는 나머지 몇몇과 유녀에게는 돈을 주어 해결했다.

그런데 광에 갇힌 불량배들이 철망을 부수고 빠져나와서 다른 불량배들까지 불러 모아 이번에는 주지를 지샤부교에게 고발했다. 대부분의 사람들은 그들의 주장을 들어주지 않고 무시해버렸으나 아오야마 다이젠아키라(青山大善亮)만은 그 이야기를 들어주었고, 또 같은 직의 관리로부터도 이 상소가 접수되기에 이르렀다.

아오야마는 변사하였고, 일단 지샤부교가 접수한 이상 조사를 하게 되어 주지의 과거사가 밝혀졌다. 덴토쿠인 주지는 엔토, 가깝게 지냈던 도미야스 구하치로는 근신 처분을 받았다.

- 1824년(文政 7), 무사시(武藏)의 일련종(日蓮宗) 묘호지(妙法寺)의 수행승 교제(敎是) 이하 6명은 영지 내 여인숙에서 하녀에게 술자리 접대를 하게 하고 관계를 가졌다. 특히 교제는 신요시와라(新吉原)에서 여자를 사서 색을 즐겼고, 또 요쓰야(四ッ谷) 다이슈지(大宗寺) 근처에서 생선과 고기를 먹고 여흥을 즐긴 죄로 8월 27일 니혼바시(日本橋)에서 3일간 사라시 후 사찰 처분에 맡겨졌다.

- 니치렌슈 호세이지(法清寺) 주지(법명 미상)는 1825년(文政 8) 말부터 야마시로(山城) 지방 야마자키(山崎)에서 객승(客僧)을 초청하여 소원 성취를 비는 법례를 이용하여 여신도를 모아 금품을 갈취하고, 술수를 부려 부잣집 딸을 미치게 하고는 낫게 해주는 사도행위를 했다. 그러는 사이 여자에게 밀통을 제의하기도 했으며 그중에는 관계를 맺은 자도 있었다. 그들의 사기 및 간음 사실이 발각되어 주지 및 객승은 붙잡혀 1826년 9월 3일 오사카 시내에서 히키마와시 후 고쿠몬(獄門)에 처해졌다.

- 1827년, 하리마(播磨) 이치가지(一ヶ寺) 주지는 과부 신도와 간음하고, 후에 오사카 기타노(北野)의 간잔지(寒山寺)와 친분이 있는 관계로 기타노에 집을 마련하여 군서(軍書)를 가르치고 있었다. 갖가지 요술을 보이는 것을 주위 사람들이 수상히 여겨 신고해 체포되어, 히키마와시 후 하리쓰케에 처해졌다. 이렇게 극형에 처해진 것은 당시 기독교 탄압에 휘말려 기독교인으로 오해를 받았기 때문이었다.

그 밖에 처벌 내용이 분명하지 않은 사례로는, 범처(梵妻, 중의 아내)와의 사이에 둔 딸을 유녀로 보내고 아들에게 생선가게를 내준 긴다이지(金台寺) 주지의 사례가 있고, 야나기야(柳屋)의 딸을 하녀로 데리고 있던 사실이 발각되는 것이 두려워 나라(奈良)에 숨겨 두었는데 그것도 난처해져 교토의 지인에게 맡기려다 발각된 만간지(滿願寺) 주지의 사례도 있다.

당시 승려들은 여범뿐만 아니라 남색도 즐겼다는 기록 또한 남아있다.

에도 후기의 여범 사례

- 1839년(天保 10) 다이넨지(大念寺)의 한 승려는 타지방에서 유부녀를 범했는데, 그 사실이 여자의 남편에게 알려지자 돈으로 해결하기로 했다. 그러나 그는 그 약속마저 이행하지 않고 그대로 방치해 두었다. 그 후 나리타야(成田屋)의 과부인 기시베야(岸部屋)의 딸을 범하였으며, 많은 사람을 속여 10관(貫) 남짓의 돈을 모으고, 따로 아내를 두었다. 절 공사를 할 때에는 약속 날이 와도 돈을 지불하지 않고 오히려 돈을 받으러 온 남자를 일꾼들을 시켜 죽이고 강에다 버려, 결국 그 혐의로 붙잡히게 되었다. 형벌에 대해서는 기록되어 있지 않다.

- 1836년(天保 7) 말, 에도 조시가야(雜司ヶ谷)에 건립된 간노지(感応寺)는 에도의 새로운 명소 중 하나로 장군을 비롯하여 모든 사람들의 축복을 받았는데, 수년 후 장군가의 여관(女官)과 주지 닛케이(日啓) 이하 승려들과의 관계가 소문이 나서, 1839년 7월 로주 미즈노다다쿠니(水野忠邦, 1794~1851)의 명으로 지샤부교인 아베마사히로(阿部正弘, 1819~1857)가 닛케이

이하 관련된 승려들을 체포하였고, 10월에는 간노지의 웅장하고 화려한 가람(伽藍)도 허물고 사찰 영지도 몰수했다.

닛케이와 그 승려들은 예불 드리러 온 장군가의 여관들과 밀통하였는데, 나중에는 다른 여관들에게도 이 사실이 알려졌다. 여관들은 장군가에서 보낸 진상품이라 하며 장신구를 넣어두는 궤짝에 교대로 들어가 사찰 안으로 운반된 뒤 마음껏 승려들과 즐겼다. 이를 수상히 여긴 로주 와키사카 야스타다(脇坂安董, 1756~1841)가 오메쓰케(大目付, 감찰직)에게 명하여 궤짝 안을 조사하게 하여 모든 사실이 밝혀졌다고 한다. 와키사카가 2년 뒤에 사망한 것은 사찰 건립과 관련된 자들과 여관들의 간계에 의한 독살이었다고 한다. 간노지 주지는 옥에 갇히고, 독약을 소지한 의사와 많은 여관들도 체포되었다고 전해진다.

• 1841년(天保 12) 8월에는, 어느 사찰 주지의 밀통 사건과 관련되어 상대 여자였던 요시와라의 타유(太夫, 고급 유녀)와 가네야마야(金山屋)의 타유 등이 소환되어 심문·자백을 받는 상황에서 장군가가 장지문을 사이에 두고 몰래 들었다고 전하는데, 이런 사실에 대해서 전례가 없는 일이라고 기록하고 있다.

• 1842년(天保 13), 교토 홋케지(法華寺)의 주지는 채소가게를 하는 신도의 아내를 범하려고 얼굴에 먹칠을 하고 복면을 쓴 채 검을 가지고 집안으로 침입, 남편을 묶어두고 그 앞에서 그의 아내를 범했다. 주지는 범행을 하고 나오면서 약간의 물건을 가져온 것 때문에 발목이 잡혀 체포되었다. 처벌 내용은 나와 있지 않다.

8

히닌 (非人)

히닌(非人)

히닌은 일종의 천민 계급으로, 원래는 중세의 특정 기능인이나 우리의 남사당과 같은 예능인이었던 것이 차차 천민화되어 에도시대에 이르러서는 에타(穢多, 주로 피혁업에 종사한 천민)와 함께 천민 신분으로 정착되었다. 사·농·공·상이라는 당시의 신분 밖의 존재로서, 노예와는 구별되었다.

그들이 종사한 일은 대체로 감옥에서 죄수들을 돌보는 일을 비롯하여 사형수의 형 집행 과정에서의 잡무, 사형수 사체 처리, 죽은 가축 처리 등 이른바 혐오 직업이었다.

에도시대의 히닌은 조상 때부터 대대로 물려받은 신분, 즉 세습적 히닌이 있었고, 형벌에 의해 잠정적으로 신분이 이동된 히닌테카(非人手下)가 있었다.

히닌의 생업은 전술한 바와 같이 형벌 잡무, 경찰 용역이 많았다. 도시나 마을은 공동체를 유지하기 위해 외지인이나 부랑자의 출입을 방지할 목적으로 히닌을 고용했다. 가축 특히 소나 말의 사체 처리, 피혁 처리 등의 일은 거의 에타가 맡았다. 여기에서는 형벌에 의한 히닌테카와 히닌의 신분적 차별, 사례 등을 소개하겠다.

히닌테카(非人手下)

전술한 바와 같이 태어나면서부터 신분적 굴레를 벗어나지 못하는 히닌이 아닌 형벌에 의해 평민에서 히닌으로 신분이 이동되는 자가 있었는데, 바로 히닌테카였다.

실제로 판례를 보더라도 교호(享保, 1716~1736) 연간부터 히닌테카에 처해진 자들이 꽤 많아졌고, 그 조치에 대해 부교도 상당히 고심했던 것 같다. 강제로 히닌 부락에 보내 그들의 행동의 자유를 제한해도 그것이 잘 지켜지지 않아 엄중히 감시하도록 했는데, 히닌 개인별로 감독을 강화해도 히닌 부락을 빠져나가는 자가 끊이지 않았다. 일반적인 형벌의 차원에서 본다면, 고통을 받는 것보다는 어떠한 육체적 징벌 없이 히닌 부락이나 히닌 수용소에 보내지는 편이 좋았을지도 모른다. 그러나 그들이 부락에서 탈출한 것을 보면, 신분적 차별을 받는 폐쇄적 집단에 보내져 장기간 정신적으로 고통을 받는 것보다는 오히려 일시적인 고통을 주는 신체형이 낫다는 의미로도 해석된다.

「오사다메가키」에는 히닌테카가 적용되는 죄를 다음과 같이 기록하고 있다.

1. 자매, 백모, 조카와 밀통한 자. 남녀 같이 멀리 떨어진 지방으로 추방(히닌테카).
2. 동반 자살(心中, 情死)을 기도했으나 쌍방이 살았을 때. 3일간 사라시 후 히닌테카.
3. 주인과 하녀가 동반자살을 기도했으나 실패하여 주인만 살아남았을 때.
4. 이혼한 아내에게 부상을 입힌 자. 문신형과 함께 멀리 떨어진 지방으로 추방(히

닌테카).

5. 15세 이하의 주거부정인 자가 가벼운 절도를 했을 때.

이러한 법령이 나온 후 히닌테카 처분 건수는 현저하게 줄었다. 히닌테카 처분을 받고 히닌 부락으로 보내짐으로써, 히닌 부락이 죄수들의 안식처처럼 보이는 것도 무리는 아니었다. 따라서 부락 사람들은 평민들로부터 더욱 기피 대상이 되었다.

전과자가 또 다시 죄를 지었을 때 판결문에는 보통 '전과가 있는 신분으로 근신하지 않고'라는 구절이 삽입되었다. 또 히닌이 죄를 범했을 때는 판결문에 '히닌의 신분으로'라는 문구가 있었다. 이는 명백한 차별이었다. 이처럼 막부 시절 그들에 대한 차가운 시선은 바로 평민이 히닌을 바라보는 태도와 동일했다.

히닌들은 어떠한 일이 있어도 두발과 복장을 평민과 동일하게 해서는 안 되었다. 히닌이라는 특수한 신분 때문에, 또 행동이나 직업도 제약을 받고 있었기 때문에 그들에게만 적용되는 범죄가 새로이 등장했다.

• 혼고시마(本五島)의 기치로베(吉郞兵衛)는 술버릇이 나빠 술에 취하면 난폭해져 아버지 야우에몬(八右衛門)의 말을 전혀 듣지 않았다. 같은 마을의 나쓰는 소문이 끊이지 않는 헤픈 여자로, 아버지 간시치(勘七)도 어떻게 할 수가 없었다. 기치로베는 부모의 반대를 무릅쓰고 나쓰를 아내로 맞이했지만 얼마 안 가 합의이혼을 했다. 아버지 야우에몬은 내심 안심하였다. 그러나 시간이 지나자 나쓰와 밀회를 하기 시작, 급기야는 간시치 집에 쳐들어가 나쓰를 끌고 나와 아버지에게 다시 나쓰와 결혼하겠다고 떼

를 썼다. 야우에몬은 백부 소고로(惣五郎)와 상의한 끝에 기치로베를 훈계하고 설득하기를 반복하며 마음을 돌리려 했다. 그러나 그러한 훈계나 설득은 기치로베의 귀에 전혀 들어오지 않았다. 기치로베는 오히려 흉기를 들고 두 사람을 위협, 자기 말대로 하지 않으면 가만두지 않겠다고 하며 아버지의 발목을 잡아 비틀어 넘어뜨리기까지 했다. 어떻게 손을 쓸 방법이 없어 아버지 야우에몬은 관청에 고발했다. 기치로베는 감옥에 갇혀 조사를 받았는데 아버지가 말한 대로였다. 기치로베는 아버지의 청원에 의해 히닌 부락으로 보내졌다.

나쓰도 함께 붙잡혔다. 역시 형편없는 여자로, 기치로베와 한통속인 것이 확인되었다. 부교는 마루야마초(丸山町)와 요리아이초(寄合町)의 오토나(乙名, 마을 대표)를 불러 나쓰를 보낼 테니까 유곽에 넘겨 무기한으로 일을 시킬 것을 명했다. 1729년(享保 14)의 일이었다.

• 1737년(元文 2) 7월 26일 밤, 입항 중인 네덜란드 선박에 한 일본인이 숨어있는 것을 발견하여 억류하고 있다고 부교소로 연락이 왔다. 신병을 인수받아 보니 시나노(信濃, 나가노현) 출신의 초하치(長八)라는 남자였다.

초하치는 고향을 떠나 나가사키에 왔지만 의지할 곳이 없어 히닌 부락 두목 사지베(佐次兵衛)에게 부탁하여 그곳에 묵게 되었다.

그런데 사지베가 거칠게 부려 도저히 참을 수가 없었다. 산골에서 도망나온 초하치는 항구에 정박해 있던 네덜란드선을 처음 보고 문득 타고 싶어졌다. 만약 네덜란드인이 자신을 데리고 가준다면 네덜란드에 기보고 싶은 심정이었다. 그렇게만 된다면 히닌 두목 밑에서 일하는 고통에서 벗어날 수 있었다. 초하치는 해변가에서 배를 만들다 버려져 떠다니는 낡은 나무판을 발견했다. 그것에 의지하여 헤엄쳐 가서 네덜란드 선박에 올라탔다.

　몇 번이나 조사해도 초하치의 진술은 똑같았다. 딱히 물건을 빼돌릴 요량으로 배에 숨어 있던 것 같지도 않았다. 또 그것을 추궁할 증거도 없었다. 단지 머리가 정상이 아닌지 말도 안 되는 당치도 않은 말을 생각 없이 하는 경향이 있었다. 부교소에서는 초하치가 정신이상인 점을 들어 히닌 두목 사지베를 호출하여 앞으로 시가지를 배회하지 않도록 주의를 주고 히닌 수용소에 수용시켰다.

히닌테카가 범한 죄

　첫째, 이른바 신분 사칭죄였다. 히닌은 일을 하고 싶어도 평민들이 하는 일을 할 수 없었고, 일용직도 얻을 수 없었다. 따라서 자신의 신분을 감추고 출생·거주지를 속여 일자리를 얻기도 했다. 나가사키의 마루야마(丸山)는 유명한 환락가로 누구나 한 번쯤은 가보고 싶어 하는 곳이었다. 그러나 그곳의 유곽은 히닌 금지 구역이었다. 그곳에 가려면 평민 복장을 하거나 평민들 틈에 적당히 끼어서 갈 수밖에 없었다. 히닌의 유곽출입이 밝혀졌을 때는, 그의 신분을 전혀 알아차리지 못했다 하더라도 히닌의 출입을 묵과한 죄로 유곽까지 처벌당했다.

• 모기무라촌(茂木村) 고바묘(木場名) 오토하치(乙八)는 평소 신분적으로 부자유스러운 히닌의 신세를 한탄하고 있었다. 유년 시절부터 혼자서 성장했고, 모기무라에서 채소를 받아다 나가사키에서 행상을 하며 보냈다. 차차 단골도 생겨, 항상 히닌 신분을 감추고 사람들에게 모기무라 농부의 아들이라고 했다. 특히 호리마치(堀町)의 사사는 오토하치에게 친절하게 대해줘서 마음이 편해졌다. 사사는 오토하치에게 자신의 가게 일이 너무 바쁘다며 야채행상을 그만두고 가게를 도와달라고 부탁했다. 오토하치는 사사의 권유대로 가게에서 5개월 정도 종업원일을 했다. 사사는 오토하치를 믿었기 때문에 신분을 묻기는커녕 보증인도 세우지 않고 그를 집안에 들였다. 계약 기간이 끝나 가게를 그만 둔 후에도 오토하치는 계속 사사의 가게에 들락거렸다.

사사의 가게는, 사카이(堺)의 상인이며 외국 선박과 생사(生絲) 거래에 관련된 수납·지불을 담당하고 있는 다카이시야(高石屋)의 분지로(文次郎)로부터 분양받은 것이었다. 사사는 분지로 가게의 나가사키 분점의 점장인 셈이었다.

사카이 분지로는 약 조제용으로 계란 모양의 인삼 20뿌리를 사사에게 보냈다. 사사는 그즈음 그다지 장사가 잘 되지 않아 인삼을 되도록 빨리 처분하고 싶은 마음에 오토하치에게 인삼을 매입할 만한 가게를 찾아보도록 부탁했다. 오토하치는 인삼을 가지고 이마마치(今町) 기치로베(吉郎兵衛)를 찾아갔다. 기치로베는 자신이 사기에는 벅차지만 살 만한 사람은 찾아봐 주겠다고 하며 인삼을 맡아두었다. 기치로베는 혼고토마치(本五島町)의 슈지로(宗次郎)에게 부탁했다. 그러자 인삼만 좋으면 살 수도 있으니 보여 달라고 했다.

'어쩌면 이 인삼은 중국 배에서 빼낸 것일지도 모른다.'

슈지로는 기치로베가 맡아놓은 인삼을 보다가 문득 이러한 생각이 들었다. 만약 그렇다면 큰일이었다. 하루빨리 관청에 신고할 생각이었으나 예기치 못한 급병에 걸려, 마음에는 걸렸지만 덮어두기로 했다. 그것이 어떤 경로에서 발각되었는지, 관계자들의 조사가 시작되었다.

담당 수사관은 사카이의 상인인 분지로가 사사와 공모하여 인삼을 계란 모양으로 만들어 중국 인삼으로 둔갑시켜 비싸게 팔려고 한 것이라고 의심을 하고 있었다. 그러나 실상은 분지로가 자신이 나가사키에 갈 때 약으로 쓰려고 보낸 것을, 돈줄이 막혀 곤란했던 사사가 멋대로 처분하려 한 것이었다는 사실이 밝혀져 혐의는 벗겨졌다. 그러나 주인 몰래 물건을 처분하려 했다는 점과 히닌 오토하치를 신분도 확인하지 않고 게다가 보증인도 세우지 않은 채 고용한 점 등이 죄로 인정되어 사사는 15일간 수갑형을 받았다. 그리고 기치로베는 시카리(叱り, 훈방), 슈지로는 깃토시카리(急度叱り), 마지막으로 오토하치는 장기간의 신분 사칭 죄로 추방 처분을 받았다. 1782년(天明 2)의 일이었다.

• 1861년(文久 원년), 나가토노구니(長門國, 야마구치현) 센자키(千崎)의 히닌 고스케(五助)의 아들 간자부로(勘三朗)는 아버지가 병으로 죽자 아버지에 이어 외부인, 거지 등을 감시하는 순찰을 하고 있었는데, 품행이 바르지 않아 결국 그곳에서 무단이탈하여 무숙자가 되었다. 히닌 수입으로는 살 수 없어, 우연히 평민으로 신분을 속여 일용직을 얻어 근근이 살아갈 수 있었다. 나가사키로 가서 시모치쿠고마치(下筑後町)의 다이쇼지(體性寺)의 주지 닌잔(仁山)을 만나서 자신은 가라쓰(唐津) 자이모쿠초(材木町)의

호적 담당으로 전국의 큰 신사(神社)를 둘러보고 있다고 속였다. 사찰 순례자에게는 출입 허가증이 필요 없다는 것을 알고 있었기 때문이었다. 닌잔은 간자부로를 전혀 의심하지 않고 절 경내에 있는 숙소에 묵게 했다. 간자부로는 순례하는 척하면서 몰래 일을 했다. 그러던 중 도둑질을 하다 붙잡혀 다타키(태형) 처분을 받고 호적이 없는 무숙자였기 때문에 무숙자 수용 시설인 닌소쿠요세바(人足寄場)에 수용되었다. 그 후 자신의 신분을 밝히려고 했지만, 조사 과정에서 끝까지 신분을 감춘 사실 때문에 후환이 두려워 결단을 내리지 못하고 수용소에서 볏짚 세공 보조 일을 하면서 석방되기를 기다렸다. 그러나 우연한 일로 신분이 발각되어 다시 붙잡혀 나가사키로 추방, 에도바라이(江戶拂, 추방) 처분을 받았다.

둘째로 비리와 월권행위이다. 히닌들 중에는 산지기나 묘지기, 관청의 잡무, 포승줄잡이, 병에 걸린 죄수를 수용하는 다메로(溜牢) 당번을 하는 자가 많았다. 외진 곳에 있는 그들의 근무지는 자칫하면 무숙자나 전과자들의 은신처가 되기도 했고 때로는 도박장으로 이용되기도 했다. 설령 이것이 히닌 부재중에 이용되었다 하더라도 근무지 관리자로서의 책임은 면할 수 없었다. 또 다메로에서 탈출한 자라도 있으면 담당자의 책임을 엄중히 물었다. 눈감아 달라며 금품을 제공하는 유혹 또한 많았다.

물론 그것을 이용하여 사리사욕을 채우는 자도 있었다. 붙잡힌 용의자 주머니에 있는 현금을 가로채려고 하기도 하고, 죄수의 부탁으로 왔다고 하면서 가족한테서 차입 금품을 가로채기도 했다. 또 히닌에게는 사용이 금지되어 있는 짓테(十手, 포리가 휴대한 쇠막대)를 휘둘러 평민을 제압하려고도 했다.

• 1806년(文化 3), 거지와 다름없는 생활을 하고 있던 하치만마치(八幡町) 젠타로(善太郎)는 그 생활도 지긋지긋해져 결국 목을 매 자살했다. 그의 형 규스케(久助)도 그와 비슷한 생활을 하고 있었다. 때문에 동생이 죽었어도 도저히 장례비용을 마련할 수가 없었다. 그러면서도 체면 때문에 동생이 죽었다는 사실이 알려지는 것이 창피했기에 밤중에 동생 사체를 나카가와(中川)의 밭 한구석에 몰래 묻었다. 너무 서둘러서 흙을 충분히 덮지 않은 것도 몰랐다.

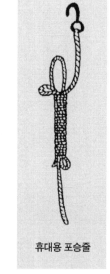

휴대용 포승줄

다음날 신다이쿠마치(新大工町) 몬고로(門五郎)가 그곳을 지나가게 되었다. 그런데 시체의 일부가 지면 밖으로 나와 있었다. 놀란 몬고로는 이 사실을 마을의 오토나(乙名, 우두머리)인 구헤이지(久平次)에게 알렸다. 구헤이지는 마침 몸이 아파 누워 있었다. 자신이 직접 확인할 수 없었기에 구헤이지는 마을 경비를 하고 있는 히닌 기소지(喜三次)와 초지로(長次郎)를 집으로 불러 말했다.

"그런 곳에 사람 사체가 있을 리 없다. 필시 소나 말의 사체일 것이다. 만약 그렇다면 사람 눈에 안 띄는 곳에다 묻으라."

구헤이지의 명령으로 밭에 온 기소지와 초지로는 사체를 보고 깜짝 놀랐다. 게다가 초지로는 그것이 젠타로인 것을 알고 또 한 번 놀랐다. 즉시 후루마치(古町)에 사는 죽은 젠타로의 먼 친척인 시게시치(繁七)에게 알렸다. 시게시치도 당황하여 곧바로 달려와 형 규스케에게 연락했다. 규스케는 암매장이 발각되었다고 생각하여 안절부절못했으나 더 이상 숨길 수도 없었다. 빠짐없이 진술하고 되도록 은밀히 처리해달라고 호소했다. 시게시치는 규스케와 친척 관계이고 해서 비밀리에 사체를 거두어주고 싶었다. 그러기 위해서는 마을 경비 히닌 두 사람의 입을 막아야 했다. 시게시치는 두 히닌에게 눈감아 달라고 간곡히 부탁했다. 두 히닌은 원칙대로라면 마을 관리에게 이 사실을 보고해야 했으나 사정을 듣고 보니 동정이 갔다. 그래서 자신들 독단으로 시체를 몰래 시게시치에게 넘겨주고 마을 관리에게는 동물 사체였다고 보고했다. 관리와 사찰에게는 젠타로가 병으로 죽었다고 해 두었다.

후에 이 사실이 밝혀져, 규스케는 과태료 3간몬(貫文), 시케시치는 10일간 오시코메, 히닌 기소지와 초지로는 20일간 오시코메 처분을 받았다.

• 1860년(万延 원년) 7월 23일, 나가사키 고쿠다이지(皓台寺)에서 자선공양이 열려 종일토록 먹을 것을 얻으러 히닌들이 많이 모여들었다. 밤이 되어 문지기 다다스케(只助)가 절을 둘러보던 중이었다. 경내에 아직 몇 명인가 남아 있었는데 그들 중 신음을 하며 괴로워하고 있는 40대 남자가 있었다. 다다스케는 가지고 있던 약을 주었지만 말도 제대로 못할 정도로 중태였다. 주위 사람에게 물어보니, 그 남자는 절 뒤편에 있는 가자가시라(風頭)산의 히닌 집에 사는 사람이라고 했다. 다다스케는 관리에게 신고하여 나중에 귀찮아지는 것이 싫어서 그 남자가 목숨이 붙어있는 사이에 절에서 내보내고 싶었다. 그래서 사찰 과리승에게 경내에 속이 안 좋아 쉬고 있는 히닌이 있으니 가자가시라산의 집에다 데려다 주고 오겠다며 아무렇지 않은 척 말했다. 그 승려도 별 관심 없이 다다스케에게 모든 것을 맡기고 돌아갔다.

다다스케는 산의 경비를 맡고 있는 히닌 야쓰지(八次)를 불러 200몬을 주며 병자를 데리고 가라고 했다. 야쓰지는 남아 있는 남자들에게 그 얘기를 했다. 보수로 100몬을 주겠다는 말을 들은 무숙자 오토고로(乙五郎)와 기치고로(吉五郎)는 그 일을 맡아서 멍석, 밧줄, 대나무 봉 등을 준비하여 옮기기 시작했다. 그러던 중 아무래도 병자의 상태가 심상치 않았다. 서둘러 길가의 우물물을 떠다 먹이자 그대로 숨을 거두었다. 두 사람은 깜짝 놀라 사체를 방치한 채로 도망쳐버렸다. 다음날 마을 관리가 길가에 사체가 있는 사실을 알고 조사에 착수했다. 목격자 중에 전날 밤 죽은 남자가 고쿠다이지 경내에서 쓰러져 있었다고 진술한 자가 있어 사건의 전말이 밝혀졌다.

절 문지기 다다스케는 도코로바라이(所拂, 주거지 추방), 사찰 관리승은 50일간 오시코메, 무숙자 오토고로는 나가사키 추방 에도바라이, 산 경비 히닌 야쓰지는 30일간 수갑 처분을 받았다. 오토고로와 함께 했던 기치고로는 행방을 알 수 없었다.

• 1795년(寬政 7), 우헤(卯兵衛)는 친척 병문안을 갔다 오는 길에 속이 좋지 않아 잠시 길가에 쭈그려 앉아 있었다. 그러자 한 남자가 물을 권했다. 괜찮다고 거절하자 상대방이 이름을 물어왔다. 마을 잡용직 니시가와 요자에몬(西川要左衛門)의 아들 우헤라고 답하자 그 남자는 황급히 자리를 떴다.

우헤는 전날까지 아버지 밑에서 마을 잡용직 수습을 하고 있었는데, 너무 난폭하여 그만두게 되었다. 우헤는 그 남자를 수상히 여겨 뒤를 쫓아가 붙잡았다. 주먹으로 때리다가 땅에 떨어져 있던 밧줄로 남자를 포박했다.

그러는 사이 포승줄잡이를 하고 있는 히닌 부락의 스케하치(助八)와 부산지(武三次)가 왔다. 우헤는 두 사람을 앞세워 포박한 남자를 자기 집으로 데리고 갔다.

포승줄에 묶인 남자는 에비스초(惠比壽町)의 우메노스케(梅之助)였다. 우헤는 묶여 있는 우메노스케를 아버지 요자에몬 앞에다 데려다놓고, 이름을 물었더니 갑자기 도망을 쳐서 수상하기에 잡아왔으니 잘 조사해 보라고 했다. 그리고 집에 있는 막대기와 짓테(十手)로 때리려고 했다.

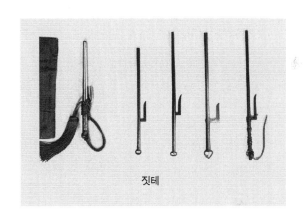

짓테

우메노스케는 뒤에 켕기는 것이 있어서 도망가려고 했던 것이 아니었다. 우헤가 동네에서 난폭하기로 유명해서 자리를 빨리 피하려 했던 것이었다. 끌려오면서 폭행을 당하여 몸 여기저기가 아팠다. 요자에몬은 우메노스케에게 별 수상한 점이 없어 그냥 귀가시켰다.

우메노스케의 상처는 점점 심해졌다. 게다가 자신을 폭행한 우헤가 원망스러워 견딜 수 없었다. 그리고 우헤가 이미 면직된 상태라는 것을 알고는 그의 지나친 행동을 간과해서는 안 된다고 생각하여, 부교소에 사건의 내용을 말하고 조사해줄 것을 요청했다. 요청이 받아들여져 취조가 시작되었다.

그런 가운데 우메노스케는 상처도 아물고 우헤에 대한 미움도 어느 정도 풀려져서 고소를 취하하려고 했다.

부교소에서도 이 일을 잘 헤아려보려고 했으나 그러기에는 우헤의 행동이 너무 지나쳤다고 생각했다. 오히려 그러한 불손한 행위를 쉽게 용서하려 하는 우메노스케를 헤아려 우헤에게 40일간 오시코메 처분을 내렸다. 스케하치와 부산지는 사건의 내막을 알고 나서 우메노스케에게 사과를 했고, 요자에몬한테서 풀려난 우메노스케를 집에까지 데리고 가 준 점 등을 헤아려 둘에게는 아무런 처분도 내리지 않았다.

셋째는 평민과 관계되는 죄인데 이것이 가장 많았다. 평상시에는 히닌을 무시하던 평민들이 이해 관계 때문에 그들을 끼워주기도 하고 이용하기도 했다. 히닌에는 반드시 가난한 자만 있는 것은 아니었다. 그중에는 상당한 재산을 모은 자도 있었다. 그래서 평민과 금전 문제가 발생하기도 하고, 거래상의 갈등도 생겼다. 평민과의 싸움도 적지 않았다. 평상시 평민한테 무시당하고 있는 만큼 평민과의 다툼이나 소송은 그야말로 절박한 상태에서 이루어졌다.

히닌이 평민과 싸움을 하면 재판에서 불리했다. 때문에 항상 인내하는 습관을 몸에 익혔다.

- 12월 3일 저녁, 가와야(皮屋)의 히닌 부락을 지나가던 우라카미무라(浦上村) 출신 무숙자 소스케(惣助)와 조스케(丈助)가 갑자기 노상에서 언쟁을 시작했다. 부락의 규하치(久八)와 규에몬(久右衛門)은 다투는 소리를 듣고 집에서 뛰쳐나와 싸우는 두 사람을 말렸다.

소스케는 상대가 히닌이라는 것을 알고 건방지게 나대지 말라고 하며 규하치와 규에몬에게 대들었다. 소스케는 길가에 나온 두 사람의 집에 들어가 가재도구를 닥치는 대로 부쉈다. 근처의 부락민도 소리를 듣고 현장에 달려갔다. 그들 중에 에이스케(永助)라는 자는 자초지종을 듣고 열이 받아 몽둥이로 소스케를 때려 부상을 입혔다.

이윽고 신고가 들어가서 관리가 달려와 소동은 잠잠해졌다. 현장에 같이 있던 자들 중 쌍방 8명은 현장에서 체포되어 감옥에 수감되었고, 나머지 13명은 마을 관리에게 인계되어 조사에 들어갔다. 그 중에는 히닌 부락 임원들도 포함되어 있었다.

소스케는 상처도 나았고 생업에 지장도 없게 되었다. 이대로 조사가 진행되면 쌍방은 어떤 형태로든 처벌을 면하기 어려웠다. 소스케는 자신의 원래 급한 성격에서 발생한 일이고 해서, 앞으로 어떠한 원한도 갖지 않겠다고 다짐하고, 一(乙名, 마을 대표)인 진조(甚藏)에게 합의하도록 해 달라고 부탁했다. 진조는 승낙했고 가와야 부락의 一도 이의가 없었다.

쌍방에서 조사 취소 청원을 냈고 그것이 받아들여져 전원 석방되었다. 1833년(天保 4)의 일이었다.

- 어묵을 팔러 나온 로카스마치(爐粕町)의 야스우에몬(安右衛門)이 우라카미 가와야 부락을 지나가고 있었다. 부락에서 머리를 손질하고 있던 젠에몬(善右衛門)이 그를 부르자 야스우에몬은 어묵 보따리를 내려놓고 가격을 흥정하였는데, 그러던 도중 다투게 되었다. 젠에몬은 주머니에 있던 면도칼을 꺼내더니 갑자기 야스우에몬을 베어 상처를 입혔다. 급소를 베였기 때문에 야스우에몬은 즉사했다.

로카스마치 一, 야스우에몬의 아내, 그리고 현장에 있었던 부락민들이 소환되어 조사를 받았다. 그 결과 평소의 원한 관계에 의한 것이 아니라 우발적인 언쟁으로 판정되었다.

젠에몬은 다음날 시자이에 처해졌다. 1704년(宝永 원년)의 일이었다.

젠에몬이 평민이었다면 형벌로 시자이까지 받지는 않았을 것이다. 그의 신분이 히닌이었기 때문에 그러한 차별적 판결이 내려진 것이다.

• 무숙자 가메스케(龜助)는 절도, 도박 등 전과 6범으로 중추방(重追放)의 수형 생활을 하던 자였는데, 그곳에서 빠져나와 또다시 나가사키로 돌아왔다. 다시 한 번 중국 선박에서 물건을 빼돌릴 계획이었던 것이다. 중국 물건과 교환할 말린 오징어도 입수하였는데 이나사(稲佐)에서 운반하는 도중에 관리가 눈치를 채서 오징어는 산속에 감춰둔 채 도망쳤다.

가메스케는 잠잠해지기를 기다릴 생각으로 고시마(小島) 우메조노 신사(梅園神社)에 살고 있는 노모 다케를 찾아가 몸을 의탁했다. 수배자이기는 했지만 다케는 도저히 아들을 신고할 수가 없었다. 게다가 오랜만에 가메스케에게 500몬을 받은 것이 기쁘기도 하여 그대로 숨겨주었다.

가메스케는 할 일 없이 기요미즈데라(清水寺)의 경내에 있는 히닌 도요키치(豊吉)네 집에 가 보았다. 도요키치는 기요미즈데라의 산지기와 정보담당 조수 일에 종사하고 있었는데, 가메스케는 그곳이 무숙자들의 도박장으로도 이용되고 있다는 것을 알고 있었다. 역시나 야키치(弥吉) 일행 6, 7명이 모여 5몬, 10몬씩 걸고 홀·짝 맞추기 도박을 하고 있었다. 그중에는 히닌 도요키치도 끼어 있었다. 가메스케는 가만히 보고만 있었다.

야키치는 "돈이 없어도 할 마음만 있으면 할 수 있지. 나도 옷을 잡히고 온 참이야."라고 말하며 도박에 열중했다. 잃으면서도 계속 도박을 하던 야키치는 동료한테서 빌린 돈까지 잃고는, 잡힌 옷도 찾지 못하고 발가숭이가 되어 버렸다. 그리고 일행은 해산했다.

야키치는 그날 밤 백부 집에 숨어 들어가 돈을 훔쳐서 옷을 되찾고 빌린 돈을 갚은 뒤 나머지 돈으로 술을 마셨다.

가메스케는 엔토, 야키치는 이레즈미 후 오모키타타키(重敲き, 중태형), 히닌 도요키치는 오모키타타키 후 이무라바라이(居村拂い, 주거지에서 추방), 다케는 아들한테서 받은 돈 500몬을 몰수, 기요미즈데라 주지 겐케이(賢惠)는 과태료 5간몬(貫文)의 처분을 받았다. 그 외에 도박을 한 일당은 모두 오모키타타키에 처했다.

넷째 히닌끼리의 갈등에서 빚어지는 죄이다. 그들 상호간의 갈등은 평민들의 갈등과 다를 바 없었다.

• 1675년(延宝 3), 촌민들은 같은 부락의 슈에몬(宗右衛門), 우헤(宇兵衛) 그리고 갓쿠이바라의 걸식인 사이교(西行)와 그의 아내, 이상 네 명에 대하여 전부터 행동이 불량하고 규율이나 합의를 잘 어긴다는 이유로 부교소에 소장을 냈다.

부교소에서 조사를 한 결과 소장의 내용과 다름이 없었기에 6월 5일 슈에몬은 참수형, 나머지 3명은 추방형에 처해졌다.

• 1830년(文政 13) 가와야(皮屋) 마을에 사는 다이조(太藏)는 시마바라(島原) 미에(三會)촌의 기베지(喜兵次)에게 돈을 빌려줬는데, 갚겠다는 약속 날이 지나도 갚지 않고 아무리 재촉해도 시큰둥한 태도였다. 결국 다이조는 참 다못해 부교소에 호소했다. 하지만 그 후 두 사람은 합의를 하게 되고 다이조는 고소를 취하했다.

• 1823년(文政 6), 우라가미(浦上)촌의 무숙자 히닌 요자부로(与三朗)는 다타키 후 마을에서 추방 처분을 받고 나가사키로 갔다. 그러나 주젠지쿄(十善寺鄕) 히닌 스케지로(助次郞)한테 당한 것을 생각하면 되갚아주고 싶어 견딜 수 없어 몰래 다시 돌아왔다.

지난해 요자부로는 히닌끼리 크게 싸움을 한 적이 있었다. 그때 스케지로는 요자부로를 마구 때렸다. 왜 자기만 편파적으로 대했는지, 스케지로의 편만을 들어주었다는 것이 너무 분했다.

그즈음 요자부로는 스케지로의 아들 사쿠지로(作次郞)에게 돈을 빌려주었다. 약속한 기일이 되어도 갚지 않고 재촉을 해도 대충 넘어가려는 태도에 화가 나서, 그렇다면 돈을 갚을 때까지 담보로 가져가겠다고 하며 사쿠지로의 집에서 옷을 한 벌 가지고 갔다. 그 사실을 들은 스케지로는 요자부로의 집으로 가 도둑놈 운운하며 욕을 해댔다. 요자부로는 할 수 없이 옷을 돌려줬다.

요자부로는 그 일만 생각하면 분해서 참을 수가 없었다. 스케지로를 혼내줄 생각에 적당한 무기를 생각해 보았다. 그리고는 나카콘야마치(中紺屋町)에 있는 초엔(長延)의 단검가게에서, 자신의 신분이 히닌임을 감추고 칼 한자루를 샀다.

허리에 칼을 꽂고 스케지로의 집으로 뛰어 들어가 스케지로를 찔러 부상을 입혔다. 그런 김에 돈도 받을 생각이었는데 공교롭게도 사쿠지로가 보이지 않자, 다이토쿠지(大德寺) 산지기를 하고 있는 사쿠지로의 형 마스타로(增太郎)한테 가서 받을 요량으로 곧바로 그쪽으로 향했다. 그러나 마스타로도 그곳에 없었다. 그냥 돌아가는 것도 뭣해서 놓여져 있는 모기장을 들고 나와 도중에 300몬에 팔아 그 돈으로 술을 마셨다.

술을 마시다가 문득 전에 초쇼지(長照寺) 경내에서 산지기를 하고 있는 모토요시(元吉)와 싸우다 맞은 기억이 났다. 복수심이 타올라 술김에 자리에서 일어났다. 상대방의 힘이 센 것을 감안해서 나름대로 작전을 짰다. 요자부로는 아무렇지도 않게 모토요시의 집으로 들어가 옷을 빌릴 수 있는지 상담하는 척했다. 모토요시는 아무것도 모른 채 옷을 꺼내려고 했다. 요자부로는 그 틈을 타 작년에 진 빚이라고 하며 모토요시를 찌르고 도망갔다. 붙잡힌 요자부로는 조사 기간 중 감옥에서 격자문을 부수고 탈출했으나, 얼마 안 가 붙잡혀 엔토에 처해졌다.

• 1818년(文政 원년), 스오노쿠니(周防國, 야마구치현 동부) 부락 히닌 가키쓰(嘉吉)는, 부락을 무단이탈하여 무숙자 신세로 나가사키까지 흘러왔다. 그는 이렇다 할 일도 없이 가와야 마을의 집들을 번갈아 방문하며 하루하루 일을 하면서 보냈다. 그러던 어느 날, 가와야 마을 신발집에서 기키쓰에게 셋타(雪駄, 대나무와 가죽으로 만든 조리 신발)를 나가사키 시내에 가서 팔아오라고 부탁했다. 110켤레였다. 전부 팔면 꽤 되는 돈이었다. 돈에 현혹된 가키쓰는 모처럼 믿고 맡긴 호의도 무시하고 도망갈 생각을 했다. 먼저 12켤레는 아는 사람 집에다 팔아달라고 부탁해 놓았다. 31켤레는

금방 가지러 올 테니까 잠시 맡아달라며, 마쓰모리신사(松森神社)에 살고 있는 히닌 초지로에게 맡겨두었다. 남은 67켤레는 전당포에 잡히기도 하고 팔기도 해서 12관(貫) 252몬이 모였다. 이 돈을 술값으로 한 푼도 남김없이 다 쓴 가키쓰는 맡겨놓은 셋타를 찾으러 가기도 전에 붙잡히고 말았다.

히닌 초지로도 술에 굶어 있었다. 가키쓰가 셋타를 찾으러 오지 않자, 이때다 하며 셋타 31켤레를 멋대로 팔아 4관 380몬 전부를 술값으로 써버렸다.

가키쓰는 다타키 후 마을에서 추방, 초지로는 다타키 후 갓쿠이바라 히닌 두목에게 인계되었다.

9
기독교
수난사

기독교 수난사

지팡구는 동해에 있는 큰 섬이며 중국으로부터 2,400킬로 떨어져 있다. 주민은 피부가 희고 문화적이며, 물자가 풍부하다. 우상을 숭배하고 어느 나라에도 속해있지 않으며 독립되어 있다. 황금이 굉장히 많은데 국왕이 수출을 금하고 있다. 게다가 대륙에서 멀리 떨어져 있어 상인들도 이 나라에는 가지 않기 때문에 황금이 상상할 수 없을 정도로 풍부하다.

유럽의 교회 지붕이 납으로 덮여있듯이 이 섬의 궁전 지붕은 황금으로 덮여있어 그 가격은 계산할 수 없을 정도다. 궁전 안의 길이나 방바닥은 4센티 두께의 순금판으로 깔려있다. 창문까지 황금으로 되어있으니 그 호화로움은 상상의 범위를 넘는다.

장밋빛 진주도 다량으로 생산된다. 아름답고 크고 둥근 이 진주는 백진주처럼 비싸다. 사람이 죽어 매장할 때는 진주를 죽은 자의 입 안에 넣는 관습이 있다. 그 외의 보석도 많다.

마르코폴로 『동방견문록』의 일절이다.

일본이 본격적으로 서양에 알려지게 것은 마르코폴로가 『동방견문록』에서 일본을 소개하고 나서부터였다. 마르코폴로는 일본을 가리켜 '황금의 나라'라고 미화시키면서 귀족이나 부잣집의 기와는 황금으로 만들어져 있으며, 바닥에는 대리석 대신에 황금이 깔려 있다고 적었다. 어떤 근거로 일본에 대한 표현을 이렇게 터무니없이 했는지는 모르겠으나, 마르코폴로가 한 진술의 진위가 어찌되었든, 마르코폴로의 『동방견문록』은 당시 서양인들이 일본에 대한 관심을 갖게 된 동기를 제공했다고 할 수 있다. 특히 기독교 세력을 확장시키는 데 몰두하던 당시 선교사나 일확천금을 기대하는 상인들은 지속적으로 신비의 나라 일본을 향해 항해를 시도했다.

16세기 중반에 자비엘(Francisco de Xavier, 1506~1552)에 의해 시작된 서양 선교사들의 일본 포교 활동은 언어, 문화, 풍습, 정치·사회제도가 전혀 다른 미지의 땅이었다는 것만으로도, 목숨을 건 도박이었다.

도요토미 히데요시(豊臣秀吉, 1537~1598)는 1587년 규슈(九州)를 평정하고 돌아오는 도중 하카타(博多)에서 선교사(바테렌) 추방령을 발령했다. 6월 18일의 금지령에는 일반 국민들의 신앙의 자유는 인정하지만 다이묘(大名)의 신앙은 허가제로 단속한다는 내용이 들어있다. 이어서 19일에는 기독교를 불교를 파괴하는 사이비 종교로 단정하여 포교 활동을 금지하고, 선교사들에게 추방 명령을 내렸다. 이는 기독교 탄압의 서막을 알리는 신호탄이었다고 할 수 있다.

특히 에도시대의 기독교 신자 학살은 일본 형벌사에서도 서방 세계에 악명을 떨친 형벌이었다. 이하 에도시대의 기독교 탄압의 배경과 처형에 관하여 살펴보기로 하겠다.

봉건막부와 기독교

　기독교 본래의 성격은 서구 중세의 봉건사회를 배경으로 뿌리를 내린 가톨릭 교회였기 때문에 봉건제도를 부정하는 것은 아니었다. 그러나 기본적으로 내제되어 있는 기독교의 유일신 사상과 인간은 신 앞에서 본질적으로 평등하다는 평등관 등이 일반 서민들에게까지 침투하여 이른바 자유와 평등의식을 인식하게 되었을 때, 그것은 봉건제의 유지와 지배 논리에 반하게 되는 것이었다.

　기독교 전래(1549) 이래 40년 동안 위로는 구교(公卿)·다이묘에서 밑으로는 일반 서민에게까지 전도되어 그 파급 효과는 상당했다. 한편 오다 노부나가(織田信長, 1534~1582)·도요토미 히데요시는 천하통일을 꾀하고 집권적 봉건체제 확립의 길을 재촉하고 있었다. 애초에 당시 교회는 봉건 권력을 이용하여 포교 활동을 확대시켜 나갔고, 봉건막부는 봉건제도 위에 서 있는 중세적 사찰과 신사(神社)를 견제할 목적과 남반(南蛮, 주로 포르투갈과 스페인)과의 무역을 통해 군사적·경제적 이익을 얻기 위해서 선교사를 이용하려 했던 것이다. 그러나 봉건제도 확립이 어느 정도 궤도에 오르기 시작하면서 교회의 세계주의와 신자들의 반 봉건주의적 사고방식 등이 눈에 거슬리게 된 것은 당연한 일이었다.

　특히 다이묘, 봉록을 받는 무사들이 정신적 자유를 가지고 선교사를 매개로 남반무역과 연계하여 무역 자본가로 성장해 가는 것은, 봉건적 막부의 가치 기준에서는 일종의 이탈행위로, 막부의 절대적 지배 확립을 위해서 묵과할 수 없는 행위였다. 또 덴쇼(天正, 1573~1592) 중기에 이르러서는 서일본에 기독교 초등학교가 200개나 세워졌다. 세미나리오(seminario)와 같은 중·고등 교육기관뿐만이 아니라 철저한 교리교육까지 진행해 무지한 서민들까지 문학과 사상을 배워 자아, 인생관 등에 눈을 뜨게 되니 봉건 지배자 입장에서는 방치할 수 없는 것이었다.

기독교 박해가 이러한 정치 논리에서 시작된 것만은 아니었다. 불교나 보수적 세력의 박해는 처음부터 반복되고 있었다. 그러나 봉건 권력의 조직적인 기독교 금지와 탄압은 천하통일 과정과 함께 시대적 문제로 대두되고 있었다.

이것이 구체적으로 나타난 것이 위에 소개한 히데요시의 선교사 추방령이다. 이것은 마쓰우라(松浦) 집안의 문서로 세상에 알려졌는데, 기독교를 사교(邪敎)로 규정하고 선교사는 20일 이내에 귀국하라는 요지의 명령이었다. 이것은 봉건 권력이 공식적으로 발표한 최초의 금제(禁制)였고, 이로서 교토, 오사카, 나가사키(長崎)의 교회는 허물어졌다.

1596년(文祿 5) 가을, 도사(土佐) 포구에 표류한 스페인 선박의 검색·몰수로 말썽이 일어나자, 스페인에서 선교사를 입국시켜 민심을 사로잡아 일본을 정복하려 했다고 하여, 교토와 오사카에서 활동 중인 스페인 선교사 바우티스타(Pedro Bautista, 1546~1597)를 비롯하여 필리핀계 프란시스코회 6명과 일본인 신자 20명을 체포하여 미미소기(耳削ぎ, 귀를 자르는 형벌)에 처한 후, 교토 시내에서 히키마와시를 하고 나가사키로 압송했다. 그리고 다음해 나가사키 니시자카(西坂)에서 하리쓰케에 처했다. 이른바 〈일본 26성인의 순교〉로, 봉건 권력에 의하여 계획적으로 행해진 최초의 기독교인 처형이었다.

히데요시의 뒤를 이어 천하를 통일한 이에야스는 정권을 확립할 때까지 대외적으로 말썽을 일으키는 일은 가능한 피하고 온화정책으로 일관했다.

또 무역권을 확보하기 위해 선교사들을 이용해야 했기 때문에, 기독교인들은 불안하기는 했지만 그래도 한동안은 포교 활동을 자유롭게 할 수가 있었다. 꼬레지오(collegio, 중·고등교육기관)의 연구도 어느 정도 성과를 거두어, 문학 영역만 하더라도 기독교 번역문학의 백미로 일컬어지는,『기야도페카도르(Guia de Pecadores, 1599)』를 비롯하여 시가집『와칸로에이슈(倭漢朗詠集, 1600)』,『다이헤이키누키가키(太平記拔書, 1610)』, 한화사전『라쿠요슈(落葉集, 1598)』,『일포사전(日葡辭書, 1603)』, 특히 로드리게스(Rodrigues, 1561~1634)의 일본어사전『일본대문전(日本大文典, 1604~1608)』등의 소중한 자료를 들 수 있다.

그러나 마쓰우라(松浦), 시마즈(島津), 모리(毛利), 가토(加藤), 데라자와(寺澤) 등의 반기독교 다이묘 영지 내에서는 산발적으로 박해가 있었다. 가토 기요마사(加藤淸正, 1562~1611)는 세키가하라(關ヶ原) 전쟁 후 라이벌이며 기독교 다이묘였던 고니시 유키나가(小西行長, ?~1600)가 지배했던 미나미히고(南肥後), 특히 1601년(慶長 6) 이후에는 구마모토(熊本), 야쓰시로(八代) 백성들에게 일부러 법화경을 모시게 하고 거부하는 기독교인들을 탄압하였다. 야쓰시로의 지도자급 신자들은 본인은 물론 처자까지 참수형에 처했다.

도쿠가와 막부에 의한 전국적 규모의 기독교 금지 발령은 1612년(慶長 17) 8월에 일어났다. 막부로서는 막번 체제의 정치·경제·외교의 기초를 다지는 것이 선결문제였지만, 그것을 수행하기 위해서는 역시 서양 무역의 통제가 기본적인 과제였다. 1604년(慶長 9) 외국선이 가져온 생사(生絲)를 특정 상인에게 일괄 매입하게 하는 이토왓푸(糸割符) 제도 시행으로 결정적 타격을 가하는 한편, 도항 증명서가 있는 슈인센(朱印船) 무역, 네덜란드·영국 무역 등을 통해 독점 체제를 구축한 후 기독교인들에게 냉랭한 태도를 보이기 시작했다. 1612년(慶長 17) 봄, 오카모토 다이하치(岡本大八, ?~1612) 뇌물수수 사건과 함께 아리마 하루노부(有馬晴信, 1567~1612)에게서 영지 경영권을 박탈하여 쌀로 봉록을 지급하는 형태로 격하시키고 유배형, 나아가 할복에까지 이르게 한 것은 사건의 내용은 어찌되었든 외국 무역에 몸을 담고 있던 전국시대(戰國時代) 다이묘, 기독교를 신봉하는 다이묘에게 치명상을 입히고 동시에 사상 통제의 계기를 마련한 것이었다.

그리고 아리마(有馬) 영지뿐만 아니라 직할지, 직속 가신들에게도 기독교 금지령을 내렸다. 하라몬도(原主水, 1587~1623) 등 녹봉 1만 석 미만의 가신(旗本) 14명을 추방했고, 하녀들까지 추궁했다. 같은 해 8월에는 금지령이 전국으로 확산되었으며, 다음해(1614) 12월에는 선교사 추방문이 2대 장군 도쿠가와 히데타다(德川秀忠, 1579~1632)의 명으로 공식 포고되었다. 기독교는 침략적 종교이고, 인륜을 무너뜨리고, 일본의 법에 위반된다고 단정했다. 특히 에도막부는 오쿠보 다다치카(大久保忠隣, 1553~1628)를 교토에 파견하여 철저히 탄압을 시작했으며, 선교사들은 전원 체포되어 후시미(伏見), 오사카(大坂)에 숨어 있던 자들과 함께 나가사키(長崎)로 보내졌다. 일반 신자들도 상세한 명부가 만들어져 모조리 포박되었다. 상부에서는 처형을 주장했지만 쇼시다이(所司代, 부교급) 이타쿠라 가쓰시게(板倉勝重, 1545~1624)는 어떻게든 그들을 전향시키려고 일단 다와라제메(俵責)라는 형벌을 생각해냈다. 죄인을 머리만 남겨둔 채 쌀가마니에 넣어 마을 거리를 굴리고 다니는 형벌이었다. 그래도 전향하지 않는 자는 가모(賀茂) 강변에 가마니채로 쌓아 올려 번갈아 태형을 가했다. 밑에 깔린 자가 고통스러운 나머지 신음하다가 실신하면 개종했다고 인정하여 개종 증서(轉宗証

다와라제메

文)에 기록하는 방법이었다.

나중에 다다치카는 직위에서 물러났고, 한동안 교토도 조용해졌다. 교토 쇼시다이(所司代, 부교급)는 끝까지 전향하지 않은 자들을 쓰가루(津輕, 아오모리현)로 유배 보냈다. 또 막부는 가가(加賀, 이시카와현)의 마에다 집안 객장(客將)으로 있던 다카야마 우콘(高山右近, 1552~1615) 일족을 각지에서 체포하여, 나가사키로 압송할 선교사들과 함께 마카오와 마닐라로 추방했다. 이것을 일본사에서는 대추방이라고 한다.

기독교 탄압

에도막부의 대추방을 시작으로, 기독교 탄압이 전국적으로 본격화되었다. 영지 내에서 기독교 신자들을 소멸시키려는 노력이 막부에 대한 충성도로 이어지면서 영주(藩)들의 탄압은 전국적으로 가혹해졌다. 무사시(武

藏) 이와쓰키(岩槻) 근방에 잠복해 있던 하라몬도(原主水)도 영주 고리키 다다후사(高力忠房, 1584~1656)에게 잡혀 이마에 +자 낙인이 찍히고 손가락, 발가락이 잘린 후 추방되었다.

1614년(慶長 19)경부터 점차로 순교자들이 증가하였다. 대부분이 참수형에 처해졌는데, 겐나(元和, 1615~1624) 연간에 이르러서는 처형 방법이 점점 가혹해져 화형이나 죄인을 난도질하는 멧타기리(滅多斬) 같은 잔혹한 형벌이 등장하였다. 오사카 군사진영 때문에 활동하지 못하고 숨어 있던 선교사는 선교 루트를 지하조직적으로 만들었는데, 새롭게 세례를 받는 자나 전향을 번복하는 자들이 속출하여, 당시까지 온화정책을 펴고 있던 이타쿠라 쇼시다이도 나라의 위엄을 두려워하지 않는 괘씸한 놈들이라 하며 엄벌주의로 바꿨다. 1619년(元和 5) 8월, 도라지 가게의 조안을 비롯한 마을의 초닌(상인, 장인) 52명의 독실한 신앙심은 끝내 장군을 분노케 하여, 교토 시치조(七條) 강변에서 살아있는 채로 화형에 처해졌다. 이후 교토의 대순교라고 불린 사건이었다.

다음해 히라야마 조친(平山常陳)의 선박에 스페인 아우구스티노회 선교사 주니가(Zuniga, Pedro de)와 도미니코회 사제 플로레스(Flores, Luis)가 변장하여 잠입을 시도했으나, 16세기 이후 정치·종교·무역 등 모든 면에서 적대 관계에 있었던 영국 선박에 잡히고 말았다. 이후 이들은 네덜란드 선박에 의해 히라도(平戸, 나가사키 북부 섬)로 연행, 적발되었다. 가혹한 심문이 2년 동안이나 계속되었고 선원 전원이 심하게 추궁을 당했다. 두 선교사는 스스로 자신의 신분을 밝히고 선원들을 구하려 했지만, 1622년(元和 8) 8월 두 선교사는 나가사키에서 조친과 함께 화형에 처해졌고, 선원들은 참수형을 당했다. 이 사건은 기독교 국가의 음모를 밝히는 것으로 여겨졌으며, 이어 9월에는 이탈리아인 선교사 스피노라(Spinola, Carlo, 1564~ 1622)를 비롯하여 신자 55명이 한꺼번에 화형과 참수에 의해 목숨을 잃었다. 이른바 겐나(元和) 대순교이다.

스피노라

다음해 3대 장군 이에미쓰(德川家光, 1604~1651) 정권 하에 막번 체제가 완성되었다. 막부를 지탱하는 모든 통제력이 조직적으로 강화되었고, 스페인과 단교, 영국의 퇴거, 포르투갈인의 일본 거주 금지 등 이른바 쇄국 정책이 시행되었다. 따라서 기독교 탄압이 강경해졌다는 것은 말할 필요도 없었다. 이에미쓰 정권 이래 10년 동안, 선교사는 물론 일본인 주요 신자들은 거의 잡혀 순교했다. 그 사이 1630년(寬永 7) 기독교 서적 수입을 금지하는 금서령(禁書令)을 비롯하여, 백성들의 종교를 조사·확인하는 취지의 종문아라타메(宗門改), 강제로 개종시키려는 목적으로 시행한 데라우케(寺請) 제도, 예수·마리아 상을 비롯하여 기독교와 관계된 것들을 발로 밟게 하여 기독교 신자가 아님을 증명하는 에부미(繪踏) 등 지속적인 기독교 탄압 정책이 시행되었다. 드디어 1633년(寬永 10)에 제1차 쇄국령이 발표되었고, 1639년에는 포르투갈 선박의 입항 금지령이 내려졌다. 따라서 에도막부의 기독교 탄압은 기독교 중심지라고 할 수 있는 간사이(關西) 지방이나 규슈(九州) 지방뿐만 아니라 박해를 피해 도호쿠(東北) 산간 지방의 광부가 된, 말 그대로 지하로

겐나(元和) 대순교도

숨은 자들에 이르기까지 철저하게 행해졌다. 그리고 처형 방법에도 갖가
지 새로운 수법이 개발되었다.

탄압이 심해지면 신앙심이 꺾이는 자도 생겨나지만, 오히려 불에 기름
을 붓는 것처럼 신앙심이 더 타오르기도 하는 것이 종교의 특성이다. 특히
기독교에서는 십자가의 희생의 길을 걷는 것이 신자들의 진정한 생활 태
도이고 신앙에 따라 사는 길이라며 가르쳤고, 순교는 기독교의 진리를 증
명하는 것으로 믿고 있었다. 위정자 측은 화형을 집행할 때 가능한 장시간
태워 죽이는 방법을 택했다. 1622년 스피노라의 경우와 1623년 10월 이에
미쓰의 명령에 의해 잔디 위에서 집행된 안제리스와 하라몬도 일행의 경
우(에도 대순교)에는 화염을 앞에 두고도 집행인들에게 설교하기도 하고, 소

리 높여 기독교의 진리를 외쳤다고 한다. 이러한 모습에서 드러나는 그 열정적인 신앙심과 화형의 장렬함은 오히려 사람들에게 감동적인 인상을 주었고 순교 정신을 고무시켜 다시 기독교로 개종한 사람이 많았다고 전해진다.

또 겐나 대순교의 소식이 해외로 전해지자, 깊은 감동을 받은 선교사들이 탄압에도 불구하고 자신의 신앙을 계속 지키려는 일본인을 위해, 순교를 각오하고 스스로 일본에 잠입하여 포교를 하는 모습이 계속 등장했다. 이러한 상황 하에 위정자의 그들에 대한 증오심은 더욱 커졌고, 그것에 비례하여 잔악함도 더욱 심해졌다.

신자들의 집은 산간의 오두막, 동굴의 은닉처 할 것 없이 차례로 불태웠고, 붙잡힌 신자들은 종신 감옥에 있는 동안 불에 달군 인두, 태형은 물론 이시다키, 목마 태우기, 물고문에 고통 받았고, 어떤 자는 뜨거운 물세례를 받기도 했다. 여자는 옷을 다 벗기고 길모퉁이에 묶어놓고 음부를 태우기도 하는 등 모든 수단을 동원하여 고통을 가했다. 그리고 결국에는 미노오도리(蓑踊), 노코기리비키, 시오제메(潮責), 온센제메(溫泉責), 사카사쓰루시(逆吊), 파묻기(穴埋)와 같은 그야말로 잔인한 방법이 동원되었다. 이러한 고문을 통하여 그들을 개종시키는 것이 일차적 목표였는데, 대부분은 이 과정에서 목숨을 잃었다.

미노오도리는 죄인에게 도롱이를 입힌 채 불을 붙이는 것으로, 마쓰쿠라(松倉)의

이시고즈메

시마바라(島原) 영지에서 집행되었다. 온센제메는 나가사키·오오무라(大村)에서 집행된 것으로, 히젠(肥前)의 대표급 신자들을 운젠(雲仙) 골짜기로 끌고 가 화산에서 내려오는 열탕을 끼얹고 그래도 개종을 하지 않는 자는 열탕 속으로 빠뜨렸다. '열탕에 던졌는데 뼈와 살이 분리되어 흩어졌다.' 는 기록이 남아있다. 시오제메는 사카사쓰루시를 응용한 것으로, 해안에 십자가를 세우고 거꾸로 매달아 만조(滿潮) 때나 파도가 일 때마다 바닷물을 마시게 하는 방법이었다. 센다이(仙台)의 히로세(廣瀬)강 등에서는 엄동 설한에 옷을 벗기고 강물에 넣어 동사하게 하는 방법도 시행되었다.

그중에서도 사카사쓰루시와 파묻기는 며칠 동안 극심한 고통 속에서 서서히 죽어가는 비참한 형벌이었다. 특히 사카사쓰루시와 파묻기의 절충형이라 할 수 있는 아나즈리 (穴釣り)는 그중에서도 가장 잔혹한 형벌이었다. 내장이 처져 바로 죽지 않도록 죄인의 몸을 밧줄로 단단히 말아 묶은 상태에서 작은 구덩이를 파놓고 죄인의 머리를 구덩이 안에 넣었다. 심한 경우에는 구덩이에다 오물을 채워 넣기도 했고, 옆에서 날카로운 굉음을 울려 신경을 자극하여 고통을 주기도 했다. 이 방법은 십

아나즈리

자가에 묶여 하리쓰케나 화형에 처해지는 장렬함에 비해, 단지 어떻게 해서라도 살려고 하는 인간의 비참한 모습을 여실히 보여주었다.

1633년(寬永 10)경부터 잠복하여 몰래 포교 활동을 하고 있었던 신부와 그의 신자들은 이와 같은 가혹한 고문·형벌을 받았으며, 개중에는 그 고통을 견딜 수 없어 끝내는 살려달라고 절규하는 신부도 있었다. 포르투갈 선교사였던 페레이라(Ferreira, Christovao)는 고문을 견디다 못해 기독교를 버리고 사와노 추안(澤野忠庵, 1580~1650)으로 개명하여 막부에 협조했다. 그러나 그와 함께 있었던 나카우라 줄리앙(中浦, 1570~1633)은 65세의 노쇠한 몸으로 9일간이나 아나즈리 고통에 괴로워하다 끝내 순교했다.

선교사 중에서도 개종자가 나왔다는 사실에 기독교인들은 동요했고, 막부의 반 기독교정책은 심리적으로나마 승리감에 젖어있었다. 페레이라의 개종 소식을 접한 선교사들 중에는 그 오욕을 씻으려고 목숨을 걸고 일본 잠입을 시도한 이들도 있었다. 그러나 1637년(寬永 14)·1638년 시마바라(島原) 농민봉기 후, 오오메쓰케(大目付, 감찰직) 이노우에치구고 카미(井上筑後守)가 종문 조사역을 맡게 되며 20년 재임기간 동안 기독교 단속을 조직적으로 진행시켜 선교사들은 완전히 근절되었고, 신자들도 불교로 개종하여 17세기 중엽에 이르자 기독교는 표면적으로나마 모습을 감추게 되었다.

그즈음 저자 불명의 『기독교 이야기(吉利支丹物語)』, 스즈키 쇼산(鈴木正三, 1579~1655)의 『파기독교(破吉利支丹)』, 셋소 소사이(雪窓宗崔, 1589~1649)의 『다이지쟈슈론(對治邪執論)』등 사찰의 승려들은 기독교를 배척하는 내용의 책을 써 막부의 정책을 지지했으며, 일반 서민에게는 어용학자적인 역할을 연출했다. 그러나 그들의 불교적·봉건적 교훈 문학이 간분(寬文,

1661~1673) 연간의 아사이 료이(淺井了意, ?~1691)와 에추(惠中, 1628~1703) 등을 거쳐 일본 소설의 모태라 할 수 있는 우키요조시(浮世草子)로 이어진 것은 예상 밖의 일이었다.

자신이 기독교 신자인 것을 숨기거나 숨어서 활동한 기독교인들은 비밀리에 소모임을 조직하여 전도를 하였다. 1658년(明曆 4), 오오무라(大村) 군·촌에서 이것이 발각되어, 막부는 간분(寬文, 1661~1673) 초기 종문조사역 호조 야스후사노카미(宗門改役北條安房守)에게 단속을 강화시켜 1만 석 이상의 영지(藩)에는 종문조사역을 두도록 했다. 이러한 직후 간분 연간에 분고(豊後, 오이와케현), 미노(美濃, 기후현 남부), 오와리(尾張, 아이치현 서부) 각지에서 신자들의 모임이 대대적으로 발각되어, 수천 명이 잡혔고 약 천 명이 사형 또는 옥사했다. 1687년(貞享 4)에는 개종했음에도 불구하고 그들의 자손이나 친척까지 부계 5대, 모계 3대에 걸쳐 특별 감시하는 유족개제(類族改制)가 시행되었다.

개종한 선교사들은 고이시가와(小石川, 도쿄) 수용소(切支丹屋敷)에 감금되었다. 그들이 모두 사망한 후, 1708년(宝永 5) 혼자서 일본에 잠입한 이탈리아 선교사 시도티(Sidotti, Giovanni Battista, 1668~1714)는 끝까지 개종하지 않고 1714년(正德 4)에 옥사했다.

에도 중기의 유학자이며 정치가인 아라이 하쿠세키(新井白石, 1657~1725)는 시도티의 도일(渡日)을 계기로 세계관이 열려, 하쿠세키 자신이 시도티를 심문한 내용을 기록한 『서양기문(西洋紀聞)』, 세계의 지리, 풍속 등을 편찬한 『채람이언(采覽異言)』 등을 저술했으며, 「천주교대의(天主教大意)」를 써 기독교의 침략을 부정했다. 이는 일본의 서양학 발전의 길을 열어주었고 일본 근세문화사에 있어 외국을 향한 일본인의 시각의 변화도 가져다 주었다.

　그러나 그의 이러한 대외 의식은 쇄국 정책이라는 에도막부의 근본 정책에 위배되는 것이어서 『채람이언(采覽異言)』 등의 저서는 발표되지 않았으며, 일반 서민들에게는 『아마쿠사 정벌기(天草征伐記)』, 『아마쿠사 소동(天草騷動)』 등 기독교를 혹평하는 내용의 실록물적인 소설을 유포시켜 서민층의 관념의 고정화를 꾀했다.

　그러나 18세기 후반의 네덜란드 학문(蘭學)의 유행과 병행하여, 간세이(寬政, 1789~1801) 이후의 기독교인 적발은 교토·오사카 초닌(町人) 1건, 소노기(彼杵)반도에 숨어있던 기독교인들이 신앙의 자유를 찾아 고토(五島)*의 외딴 섬으로 이주한 사건, 분카(文化, 1804~1818) 연간에 크고 작은 섬에 숨어 지내던 기독교인들이 대거 체포되는 아마쿠사(天草) 사건 등 무지한 농민들이 비밀리에 기독교를 신봉하는 현상을 보여주고 있었다. 이에 막부는 교토·오사카 초닌(町人) 1건만 하리쓰케 및 고쿠몬에 처했고, 나머지에 대해서는 엄한 심문을 한 후 신자들을 석방했다.

　에도 말기에는 우라카미(浦上) 사건과 같이 처음에는 엄격하게 대처했으나 시간이 지나면서 차츰 완화되었다. 1865년(慶応, 원년)의 오우라(大浦) 천주당 낙성식과 더불어 구 기독교가 대규모 부활, 신앙 표명 등의 일련의 사건이 일어나, 도쿠나가(德永) 나가사키부교는 단속을 명하여 신자들을 고문한 후 강제로 "죄송합니다."라고 말하게 하고 석방했다고 한다.

　일본의 기독교 탄압은 세계 형벌사에서도 그 유래를 찾기 힘들 정도로 잔혹했으며, 막번 체제 하의 강력한 경찰력과 무력으로 조직적이고 지속

---

* 나가사키시 북서해상에 있는 열도—후쿠에(福江)·나루(奈留)·와카마쓰(若松)·나카도오리(中通)·
　히사카(久賀)

적으로 행해졌다는 것이 그 특징이라 할 수 있다.

　역사상 흔히 접할 수 없는 잔학한 탄압과 처형 방법은 막번 체제의 성격을 여실히 보여주고 있다. 그와 동시에 무지한 서민층이 그처럼 잔혹한 탄압에도 불구하고 자신의 신념을 지킨 투쟁의 역사는 세계 기독교 역사상 괄목할 만한 사항이라고 할 수 있겠다.

|참고문헌|

『近代犯罪科學全集』14권 武俠社 1930

『図説 江戸の司法・警察事典』笹間良彦 桐書房 1980

『江戸百科』歷史讀本特增刊 新人物往來社 1992

『拷問刑罰史』名和弓雄 雄山閣 1994

『江戸の刑罰』石井良助 中公新書 1996

『日本拷問刑罰史』笹間良彦 桐書房 1998

『世界拷問刑罰史』晨永光彦 日本文芸社 2002

『日本殘酷死刑史』森川哲郎 日本文芸社 2003

『かくれキリシタン』片岡弥吉.NHKブックス.1965

『天正少年使節』松田毅一 角川新書,1965

에도시대의 고문형벌

초판 1쇄 발행일 | 2009년 3월 25일

지은이 임명수

펴낸이 박영희

편집 이선희

표지 강지영

교정·교열 이은혜

책임편집 강지영

펴낸곳 도서출판 어문학사

132-891 서울특별시 도봉구 쌍문동 525-13

전화: 02-998-0094 / 팩스: 02-998-2268

홈페이지: www.amhbook.com

e-mail: am@amhbook.com

등록: 2004년 4월 6일 제7-276호

ISBN 978-89-6184-071-2 93380

정가 | 12,000원

인 지 는
저 자 와 의
합 의 하 에
생 략 함